실제 사례로 기초부터 배우는

재무제표
처음공부

실제 사례로 기초부터 배우는

재무제표 처음공부

대럴 멀리스, 주디스 올로프 지음
백승우 옮김 | 신현식 감수

 이레미디어

들어가며

사람들은 어떻게 배울까? 이에 관해서는 유전적 각인^{Genetic imprinting}, 흡수^{Osmosis}, 모델링, 정서지능 등 의견과 이론은 많다. 뇌에 대한 연구는 21세기 들어 상당히 방대해졌다.

지금 자신에게 질문해보라. 나는 어떻게 배우는가?

독서나 비디오 시청이나 컴퓨터를 통해 정보를 읽는가? 다른 사람들과 상호작용 없이 대인관계 기술을 익힐 수 있는가? 이상적 행동에 관한 모델 없이도 행동을 바꿀 수 있는가? 당신은 일상생활에서 본받고 싶은 사람들이 있는가? 그 사람들을 따르는가? 당신은 어린 시절에 들었던 노래 가사를 기억하는가? 하지만 지난주나 심지어 오늘 아침에 들었던 노래 가사가 기억나지 않는가? 질문은 계속 이어진다. 다른 어떤 사고 과정보다 질문은 학습에 도움이 된다.

아기가 태어난 후 1년 동안 일어난 일에 대해서 기억하는가? 아기는 이후 모든 기간을 합친 것보다 그 1년 동안 가장 많이 배운다. 하지만 아기는 그 1년 동안에는, 언어를 익힌 후 하게 될 방식으로 질문할 수는 없다. 그렇다면 아기는 어떻게 배울까? 그리고 그 답을 통해 더 빨리 배울수 있고, 새로운 정보를 더 오래 기억하며, 생활에 즉시 적용할 수 있는 무엇인가를 알 수 있을까?

그런데 이런 질문들이 왜 중요할까? 좋은 질문이다.

어카운팅 게임은 회계에 관한 기본 기법을 가르치면서 특별한 학습 경험을 만들어내는 방식이다. 이러한 학습 방식을 가속 학습Accelerative learning이라고 부른다. 이것은 우리의 모든 감각을 통해서는 물론, 감정과 비판적 사고력을 활용하는 학습 방법론이다. 유치원이나 초등학교 교실을 떠올려보면, 색색의 지도, 문자, 숫자 그리고 아이들이 그린 상상력이 풍부한(다듬어지지는 않은) 그림들이 떠오를 것이다. 당신은 노래를 통해 문자를 배웠다. 구구단도 큰 소리로 읽으면서 익혔다. 당신은 많이 웃고 당신은 창의적이었다.

이후 당신의 학습 방식은 중학교와 고등학교에 들어가면서 변하기 시작했다. 학습에서는 수업시간은 늘어났고, 흑백이 분명했으며, 암기할 것도 더 많아졌다. 시험에 닥쳐서야 공부했고, 결과는 그때그때 달랐다. 끝없는 숙제와 주입에도 학교에서 배웠던 정보를 대부분 기억하지 못한다. 시험을 통과해 진급하는 정도의 목적이었기 때문에, 그 정보가 단기 기억 영역으로 들어가 버렸다.

하지만 아주 어린 시절 기억들을 보자. 초등학교 시절에는 당신이 익힌 많은 정보가 장기 기억 영역으로 바로 들어갔다. 노래, 색깔, 동작, 냄새, 감정적 경험, 많은 놀이와 재미가 동반되었기 때문이다.

이 책에서 활용하는 방법론은 당신이 초등학교에서 배운 방법과 비슷하다. 우리는 두뇌에서 장기 기억을 담당하는 영역으로 접근할 것이다. 당신의 장기 기억에 접근하기 위해서는 감정이 포함되어야 하는데, 이는 감정이 장기 기억과 뇌의 같은 영역(변연계Limbic region)에 존재하기 때문이다.

인간이 학습하는 방식 때문에 사실 우리는 실제로 배우기 위해 스스로 무언가를 찾아야 한다. 이 책은 당신이 여러 가지를 발견할 수 있도록 쓰였다. 간단히 말해서, 이 책을 읽으면서 대학에서 한 학기 동안 배우는 수준의 회계를 익히게 될 것이다.

정말 반전이다. 사업가나 학생들은 회계라는 주제를 마스터하는 것이 매우 어렵다는 사실을 경험으로 안다. 많은 사람이 좌절하면서 포기하고, 어떤 사람들은 전문가에게 맡겨야겠다고 다짐한다. 이 책은 회계를 싫어하고, 배우는 데 어려움을 겪고, 실제로 이해하지 못했다고 생각하는 모든 사람을 위한 책이다.

우리는 세부사항에 지나치게 집착하면서, 그것이 서로 어떻게 작용하고 맞물리는지 큰 그림은 보지 못했다. 때문에 회계 수업이 대부분 실패했다고 생각한다. 이 책에서는 세세한 내용으로 부담을 주지 않고 사업에서 정말 중요한 회계 개념에 초점을 맞출 것을 약속한다.

당신은 세 가지 재무제표(재무상태표, 손익계산서, 현금흐름표)의 구성과 목적을 배우게 될 것이다. 이 세 가지 재무제표가 서로 어떻게 맞물리는지 서로 간의 관계에 관해서도 배우게 될 것이다. 또한 사업의 기본 언어, 즉 매출원가, 비용, 부실채권, 발생주의 대 현금주의 회계, 선입선출법과 후입선출법, 자본화 대 비용화, 감가상각, 현금과 이익의 차이 같은 개념도 익히게 될 것이다.

당신이 참여하고, 소통하며, 알아야 할 모든 것을 발견할 수 있는, 쉽고 재미있는 방식으로 이 모든 정보를 얻게 하는 것이 우리의 목적이다. 업무를 하면서 자신감을 가지고 재무적 개념을 이해해야 하는 사람이 많지만, 회계와 관련된 세부사항까지는 다루지 않을 것이다. 그 사람이 바로 당신이라면, 이 책은 그 목적에 부합할 것이다. 또한 이 책은 재무제표를 익히면서 실제로 작성할 수 있도록 쓰였다. 게임을 하듯이 이 책을 즐기길 바란다(표와 관련된 답은 229페이지에서 볼 수 있다).

이 모든 정보를 이해하는 것도 좋지만, 과연 그 정보로 무엇을 할 것인가? 마지막 장에서는 당신의 회사와 업무를 위해 재무정보를 분석하는 툴을 소개할 것이다.

이 프로그램에 나오는 자료들은 1980년대 초반 에듀케이셔널 디스커버리스Educational Discoveries Inc.의 1일 세미나인 어카운팅 게임을 위해 개발되었다. 그 프로그램은 원래 버클린Burklyn 경영대학원의 마셜 서버Marshall Thurber가 만들었다. 이후 그 학교 학생이었던 낸시 마레시Nancy Maresh가 이 프로그램으로 어카운팅 게임 세미나를 개발했다. 이 특별한 프로그램을 소개해준 그분들의 독창적인 재능과 헌신에 진심 어린 감사를 드린다. 또한 7만 5,000명에서 10만 명 정도 되는 민간 및 공공 세미나에 참여한 분들께서 보여주신 즐거움, 통찰, 제안에도 감사드린다.

어카운팅 게임은 이제 코스털 트레이닝 테크놀로지스 코퍼레이션

Coastal Training Technologies Corporation의 세미나에서 만날 수 있다. 어카운팅 게임은 세상에서 제일 성공적인 재무 세미나로 계속 남게 될 것이다.

이제 즐기자! 즐긴다면, 짧은 시간에 당신이 상상하는 것보다 더 많이 배울 수 있을 것이다.

주디스 올로프Judith Orloff와 대럴 멀리스Darrell Mullis

"성공적인 레모네이드 판매를 위해 무엇을 준비할까?"

차례

가장 쉽고 효과적인 《재무제표 처음공부》 클래스!
놀랍도록 재미있는 이 수업에 참가한 당신을 환영합니다!
즐겁게 공부할 준비가 되었나요?

자, 이제 본격적으로 재무제표 수업을 시작합니다.

Let's start with basics!

사전 테스트

1. 다음 중 재무상태표에서 볼 수 없는 항목은 무엇인가?

   A. 현금　　　　　　　　　　　B. 매출총이익

   C. 자산　　　　　　　　　　　D. 부채

2. 수익성을 가장 정확히 반영하는 것은 다음 중 어떤 회계방식인가?

   A. 현금주의 회계　　　　　　　B. 자금순환 회계

   C. 발생주의 회계

3. 매출채권은 어디에 속하는가?

   A. 자산　　　　　　　　　　　B. 자본

   C. 현금

4. 다음 중 일상적 기업 운영에서 가장 중요한 것은 무엇인가?

   A. 자산　　　　　　　　　　　B. 이익잉여금

   C. 현금

5. 최종 결산 결과란 무엇을 의미하는가?
   A. 순이익　　　　　　　　B. 매출총이익률
   C. 매출총이익

6. 선급비용은 어디에 속하는가?
   A. 자산　　　　　　　　　B. 자본
   C. 부채

7. 후입선출법 및 선입선출법은 어떤 것과 관련 있는가?
   A. 재고자산평가　　　　　B. 이익률
   C. 자금조달

8. 다음 중 손익계산서에 나타나는 것은 무엇인가?
   A. 비용　　　　　　　　　B. 유형자산
   C. 부채

9. 다음 중 현금 유동성에 영향을 미치지 않는 비용은 무엇인가?
   A. 리스비　　　　　　　　B. 광고비
   C. 감가상각비

10. 기본 회계등식은 다음 중 무엇인가?
   A. 순자산＝자산＋이익
   B. 매출총이익－매출액＝매출총이익률
   C. 자산＝부채＋자본

당신은 아이였을 때 돈 버는 법을 어떻게 배웠는가?

다른 사람의 아기를 돌보거나 신문을 배달할 수도 있다. 옆집의 보도와 차도에 쌓인 눈을 치우는 방법도 있다. 잔디를 깎거나, 다른 사람이 휴가를 갔을 때 그 사람의 애완동물이나 식물을 돌볼 수도 있다.

아마 거의 모든 아이가 적어도 한 번은 시도해본 사업이 있다. 야구나 애플파이처럼 가장 미국적이라고 할 수 있는, 이미 증명된 사업이다.

바로 레모네이드 가판이다.

우리가 이 어카운팅 게임에서 소개하는 세상이 레모네이드 가판대와 화창한 햇살이 비추는 바로 그 아이들의 세상이다. 손으로 직접 쓴 소박한 나무 조각이 간판으로 멋지게 변신한다. 인생에서 제일 중요한 목표였던 자전거나 운동장비, 승마 수업을 위해 스스로 돈을 모은다. 그리고 돈에 관해 처음으로 어렴풋이나마 알게 되는 시기이며, 돈에 대한 것이라면 모든 걸 배우고 싶은 시기이기도 하다.

그때로 다시 돌아가 회계라는 사업 언어에 관해 알아야 할 것들을 배울 기회가 왔다. 이제 조용한 장소로 가서 긴장을 풀자. 다음 글을 읽은 후 눈을 감고 읽은 내용을 떠올려보자. 준비되었다면 다음 부분으로 넘어가자.

시간 여행을 떠나보자.

초등학교 시절로 돌아가 보자. 5~10살 사이의 시기를 떠올려보라. 초등학교 시절이 어땠는지 기억해보라. 여러 학교에 다녔다면 가장 좋았던 학교를 택하라.

오늘은 학기 마지막 날이다. 햇살이 교실 창문을 통해 스며든다. 마지막 수업이 끝나기를 기다리기가 힘들다. 수업을 마치는 종이 울리면 이제 자유다. 친구들과 함께 교실 문을 박차고 달려나가도 좋다.

당신은 어리고, 매사 열심이며, 걱정도 없다. 모든 게 가능하다. 창의적이고, 호기심도 많고, 신난다. 그리고 인생의 성공이 보장되었다는 것을 알고 있다.

이러한 장면이 마음속에 자리 잡게 하라. 심호흡하라. 그리고 즐겨라.

마지막 수업의 종료를 알리는 종이 울린다. 선생님께 인사드린 후 교실 문으로 달려나간다. 밖은 아주 따뜻하고 날씨도 좋다. 하늘은 맑고 하얀 뭉게구름은 행복한 만화에 나오는 장면 같다.

아이들은 웃고 있다. 잔디 깎는 기계가 윙윙거린다. 새들은 짹짹 지저

권다. 방금 깎은 잔디 냄새와 꽃향기가 난다.

기분이 최고다.

집으로 들어선다. 오늘은 특별한 날이기 때문에 엄마와 아빠 모두 당신을 맞이하기 위해 집에 계신다.

당신은 흥분해서 외친다.

"마실 거 없어요?"

"운이 좋구나. 방금 전에 레몬과 설탕을 샀단다. 바로 짜서 신선한 레모네이드를 만들어보자." 엄마와 아빠께서 말씀하신다.

당신은 큰 주전자에 물과 얼음을 가득 채우고 레몬 몇 개를 짜고는 설탕을 적당히 넣어 맛있는 레모네이드를 만든다.

이번 여름은 즐거울 것 같다.

잠깐 쉬면서 이러한 생각이 마음속에 자리 잡게 하고 심호흡을 하라.

당신이 만든 레모네이드를 밖으로 가지고 나가 제일 좋아하는 나무 아래 앉아라. 이 레모네이드는 이 세상의 맛이 아닌 것처럼 맛있다.

이런 생각이 떠오른다. 사람들은 이 레모네이드를 마시기 위해 돈을 낼 것이다.

준비되었는가? 좋다.

차고에는 레모네이드 가판대를 만들기 위한 재료가 있다. 과일을 담았던 나무 상자 2개, 오래된 페인트통과 브러시, 망치와 못이 있다. 모두 조립하는 데 두어 시간 정도 걸린다. 직접 손으로 만들면서 생각했던 대로 모양이 갖춰지는 과정을 보는 것도 즐겁다. 작업이 끝나고 사업이 시작될 곳을 자세히 바라본다. 세상에서 제일 좋은 레모네이드 가판대가 있다면 당신이 만든 이 가판대일 것이다.

여기 당신의 레모네이드 가판대가 있다. 원한다면, 매직펜이나 스티커로 꾸며도 좋다. 당신의 가판대라는 것을 분명하게 표시하라.

사업을 시작할 장소가 준비되었다면 이제 팔 물건이 있어야 한다. 돈을 벌 제품 말이다. 방으로 달려가 돼지 저금통에 들어 있는 동전들을 확인해본다.

모두 합쳐보니 5달러다.

그 돈을 방탄이 되고, 엑스레이 검색도 안 되며, 강도도 막을 수 있고, 누구도 열지 못하는 안전장치가 되어 있는 곳으로 옮긴다. 삼촌이 버리려고 했던 담배 상자가 바로 그곳이다.

모든 동전이 어지럽게 섞이는 게 싫었는데, 엄마나 아빠가 친절하게도 그 동전들을 주름 하나 없는 1달러짜리 지폐 5장으로 바꿔주신다. 그 5달러를 담배 상자 은행에 안전하게 보관한다. 누군가 담배 상자를 만지면 안 되므로 매직펜으로 겉에 써놓자.

개인 자산임! 접근 금지(죽을 수도 있음)!

좋다. 당신의 돈은 안전하다.

이 1달러 지폐 5장을 뭐라고 부를까? 현금

그리고 현금은 무슨 색일까? 녹색

이제 당신은 부자가 될 것이다. 그럼 레모네이드를 팔아 벌어들일 수백, 아니 수백만, 아니 수십억 달러를 어떻게 파악할 것인가? 당연히 종이와 연필이 필요하다. 사업에서 들어오고 나가는 돈을 기록할 방법이 필요하다. 이렇게 기록하고 관리하는 게 회계의 전부다.

당신은 어른들이 숫자를 추적하는 방법 중 하나가 숫자를 기록하는 것이라는 것 정도는 안다. 야구나 골프에서 그리고 엄마나 아빠가 지난번에 강아지가 뒤뜰을 어지럽힌 뒤 청소를 했었는지 기록하는 것처럼 말이다.

당신은 사업을 위해 스코어카드를 만들기로 한다.

스코어카드로 사업에서 일어나는 일을 파악할 수 있어야 한다. 사업에서 들어오고 나가는 돈의 흐름을 더 잘 이해하기 위해서는 스코어카드에 두 가지 항목이 포함되어야 한다. '우리가 가진 것'과 '그것의 소유권'이다. 스코어카드 중간에 세로로 선을 긋는다. 왼쪽에는 당신이 가지고 있고, 사업에서 사용하는 것들을 기록한다. 그리고 오른쪽에는 그것들을 누가 소유하고 있는지 기록한다. 당신의 스코어카드는 다음과 같을 것이다.

우리가 가진 것	그것의 소유권

왼쪽은 우리가 가지고 있는 것을 나타낸다.

오른쪽은 그것을 누가 소유하고 있는지 나타낸다.

올바른 스코어카드를 준비했으니 다시 한번 정리해보자. 당신은 약간의 돈, 정확하게는 5달러를 가지고 사업을 시작하려고 한다.

그 돈은 누구의 돈인가?

그렇다. 당신의 돈이다. 당연한 얘기지만, 당신은 이 돈을 모으기 위해 아끼고, 열심히 청소했다. 이빨 요정(어린이의 젖니가 빠졌을 때 이것을 베개 밑에 넣어두면 요정이 가져가는 대신 돈을 두고 간다.—옮긴이)은 당신의 이가 빠질 때마다 돈을 두고 갔다. 이 5달러를 모으기 위해 열심히 일했다. 그 돈은 당신의 돈이지 다른 누구의 돈이 아니다. 이것은 이 돈이 스코어카드의 왼쪽으로 간다는 것을 의미한다. 현금 5달러로. 하지만 동시에 이 돈은 당신의 돈이기 때문에 스코어카드의 오른쪽으로도 간다. 그럼 이 5

달러를 뭐라고 부를까?

당신의 레모네이드 가판에 5달러를 투자할 것이다. 그런가?

그렇다면 레모네이드 가판에 투자하기 위해 돼지저금통에서 최초로 꺼낸 돈을 뭐라고 불러야 할까?

'초기 투자Original Investment'는 어떤가?

초기 투자는 누가 하는 것인가? 바로 당신이 주인으로 투자하는 것이다. 그래서 스코어카드의 오른쪽에도 간다.

지금까지 일어난 일들을 기록해보자. 5달러를 왼쪽 현금 항목에 기입하고, 그 5달러를 오른쪽 초기 투자 항목에 기입한다. 그리고 양쪽 마지막 줄에 총액을 기입한다.

우리가 가진 것		그것의 소유권	
현금		초기 투자	
총계		총계	

무엇인가를 알아차렸는가?

그렇다. 왼쪽과 오른쪽은 합이 같다.

당신은 지금 이 재무 스코어카드에 관한 중요한 법칙을 알게 되었다. 왼쪽의 합은 항상, 정말 항상, 오른쪽의 합과 같다.

이 법칙을 반복해서 말해보자. 이마에 붙여놓아라. 잘 때 베개 밑에 둔다면 자는 동안에도 잊지 않을 것이다.

왼쪽의 합은 항상 오른쪽의 합과 같다!

모든 것이 좋다. 날씨는 화창하고 신나게 즐길 준비가 되었다. 손님들이 레모네이드를 시음하려고 이 블록을 돌아 줄을 서서 기다리는 모습을 눈을 감고 떠올려본다. 하지만 곧 레모네이드 가판을 시작하려면 초기 투자 5달러보다 더 많은 돈이 들 것이라는 사실을 깨닫는다. 레모네이드를 만들 재료를 사야 하기 때문이다.

아이들의 개인 은행은 누구인가?

그렇다. 바로 엄마와 아빠다.

당신은 부모님께 달려가 (이미 엄마와 아빠 중 누가 더 긍정적이실지 알고 있다.) 이렇게 말할 것이다. "돈의 진정한 가치를 가르쳐주실 좋은 기회예요. 정말 돈을 많이 벌 수 있는 사업에 투자하실 기회이기도 하고요. 저녁 시간까지 귀찮게 하지 않을 좋은 기회예요."

이 중 하나의 이유 때문이라도, 엄마나 아빠는 10달러를 주실 것이다.

"얘야, 이 10달러는 선물이 아니야. 대출이라고."

당신이 문밖으로 반쯤 나갔을 때 엄마가 크게 말씀하신다.

당신은 잠깐 멈춰서 정말 실망스러운 어조로 "대출이요?"라고 되뇐다.

"왜 그러세요? 절 사랑하지 않으세요?"

"좋은 기회잖니."

엄마가 대답하신다. 이것이 당신에게 가르쳐주시는 진짜 세상이다. 좋다. 그래도 당신은 돈이 있다. 엄마가 '당신에게 빚을 졌어요'라는 글

이 맨 위에 쓰여 있는 종이에 사인하라고 하셨지만 말이다.

그래도 그 10달러는 당신이 사용할 수 있는 돈이다. 따라서 '우리가 가진 것'에 추가할 수 있다.

하지만 동시에 당신은 엄마에게 빚졌다. 실제로 그 10달러를 당신이 소유하고 있는 건 아니므로 우리는 스코어카드의 오른쪽(그것의 소유권)에 새로운 항목을 만들어야 한다. 당신은 사실상 방금 전 엄마에게 지급해야 할 차용증IOU에 사인한 것이다. 사업에는 이러한 '당신에게 빚을 졌어요'를 지칭하는 명칭이 있다. 이것을 '차입금*'이라고 부른다. 스코어카드에 이 거래를 기록하자.

우리가 가진 것		그것의 소유권	
💰 현금		차입금	
		초기 투자	
총계		총계	

이제 우리가 가지고 사용하는 것들은 왼쪽에 있다. 우리는 무엇을 가지고 있는가? 현금

그리고 그 현금은 현재까지 얼마인가? 15달러

사업에서는 우리가 가진 것을 부르는 명칭이 있다. 그게 무엇인지 아

＊원저는 Notes payable이라 표현하고 있는데, 이는 '지급어음'이라 번역할 수 있다. 그러나 지급어음은 일반적인 상거래에서 발생한 어음상의 채무를 의미한다. 자금조달의 경우처럼 일반적인 상거래 이외의 거래에서 발생한 어음 채무는 '단기차입금 또는 미지급어음'으로 처리한다. 따라서 차입금이라 표현하여 독자가 혼동하지 않도록 했다.

는가? 자산

그렇다면 이제부터 왼쪽에 대해 자산이라는 명칭을 사용하도록 하자.

오른쪽을 보자. 누가 그 현금을 소유하고 있는가?

5달러는 당신의 소유다. 그렇다면 당신의 은행(엄마와 아빠)은 얼마나 소유하고 있는가? 10달러

오른쪽에 소유주가 두 명이기 때문에 오른쪽을 두 부분으로 나누는 가로선을 그을 것이다. 오른쪽 위는 사업을 위해 돈을 빌려준 사람들을 나타낸다. 당신이 돈을 갚아야 하는 대상이다. 엄마나 아빠에게 10달러를 갚아야 하는가? 그렇다. 그러므로 이제부터 오른쪽 윗부분을 부채라고 부를 것이다. 부채는 분홍색으로 표시할 것이다.

오른쪽 아래는 사업 중 당신의 몫이다. 지금 그것은 당신의 초기 투자금이다. 사업 중 소유주의 몫을 뭐라고 부를까? 아래에 있는 답 중 골라 보라. (힌트: 답이 1개 이상일 수도 있다.)

- ⬡ 자본
- ⬡ 소유주 지분
- ⬡ 주주 지분
- ⬡ 순자산

모든 답에 체크했는가?

그랬어야 한다. 모두 같은 의미기 때문이다. 이제 오른쪽 아래를 자본

이라고 부르겠다. 그리고 검은색으로 표시하겠다.

따라서 오른쪽은 두 부분으로 나눠진다. 하나는 부채(당신이 빚진 것)이고, 다른 하나는 자본(당신이 소유한 것)이다.

왼쪽의 합은 항상 오른쪽의 합과 같다는 것을 기억하는가? 그렇다면 다음 회계 법칙을 기억하자.

$$자산 = 부채 + 자본$$

이 수식을 반복해 말해보라. 손바닥에 써놓아라. 냉장고에 자석으로 붙여놓아라. 컴퓨터에 스크린세이버로 설정하라.

스코어카드에 적합한 회계 용어로 바꿔보자.

자산		부채	
💰 현금	$15.00	차입금	$10.00
		자본	
		초기 투자	$ 5.00
자산총계	$15.00	부채 및 자본총계	$15.00

다음 단계로 넘어가기 전에, 왼쪽은 여전히 오른쪽과 같은가? 그래야 한다. 항상, 항상, 항상!

아주 잘하고 있다. 바람직하게도 즐겁게 하고 있다. 새로운 발견을 하고 있다. 처음으로 분명히 이해했을 것이다.

이 아름다운 순간을 담을 수 있는 좋은 방법이 있을까? 스냅 사진을

찍는 것은 어떤가?

스냅 사진으로 기록하는 순간은 얼마나 긴가?

◐ 순간

◐ 순간보다 긴 시간

답은 순간이다. 스냅 사진은 우리가 지금 있는 곳의 이미지를 담는다. 스코어카드는 스냅 사진과 같다. 어떤 특정 순간 사업의 재무적 상태(우리가 가진 것과 그것의 소유권)의 이미지를 나타낸다. 이 스코어카드는 현재 시점을 보여주고, 양쪽의 합은 같다. 우리가 흔히 이야기하듯이 균형이 맞다. 이제부터 이 스코어카드를 재무상태표라고 부르자.

재무상태표

하지만 당분간은 시간에 관한 철학적 측면과 용어들에 대한 생각은 그만하자. 우리는 레모네이드 가판 사업을 시작하려고 여기 있다.

사업을 시작할 돈을 마련했으니, 엄마와 아빠께 재료를 사러 식료품점에 다녀오겠다고 말씀드린다. 주머니와 담배 상자에 있는 돈이면 충분할 것 같다! 가능한 빠르게 달린다. 다른 엉뚱한 곳에서 돈을 잃기 전에 그 돈을 사용해야 한다. 지나가는 당신의 자전거를 어떤 멍청한 강도가 멈추기 전에 말이다.

당신은 근처에 있는 식료품점에 도착한다. 파커 아저씨가 운영하는 가게인데, 사람들은 모두 그를 파피라고 부른다. 파커 아저씨는 얼굴과 코가 크고, 친근한 인상이다. 눈은 파란색이며, 눈썹은 굵고 회색이다. 그리고 대머리인 걸 자랑스러워한다. 파커 아저씨의 가게로 들어서면서 당신은 자신이 세상에서 가장 행복한 아이라고 느낀다.

주머니와 상자를 확인해본다. 15달러가 아직 거기 있다. 더 이상 못 참겠다. 레모네이드 가판을 여는 데 필요한 재료를 적은 (엄마와 아빠가 도와주심) 종이를 꺼낸다.

레몬 50개
설탕 5파운드(1파운드 = 약 453그램)
물 2갤런(1갤런 = 약 3.78리터)

물은 집 부엌에서 공짜로 얻을 수 있다. 파커 아저씨 가게에서 살 재료는 레몬과 설탕이다.

레몬은 개당 20센트다. 그리고 설탕은 파운드당 40센트다.

당신은 수학 실력이 좋으므로 레모네이드를 만들 재료원가를 더할 수 있다.

레몬 50개(개당 20센트)	= $	_____
설탕 5파운드(파운드당 40센트)	= $	_____
물 2갤런(공짜)		

총 구입액	= $	_____

파커 아저씨께 돈을 지급하고 (파커 아저씨는 당신의 새 사업이 잘되기를 바란다고 말씀하셨다). 가방에 재료들을 넣고 집으로 돌아온다. 집에 돌아와서 부엌에 재료를 꺼내놓는다. 그러고 나서 잊기 전에, 제품을 만들기 위한 재료를 구입한 돈을 기록한 새 스코어카드를 만든다. 당신은 재료를 사느라 12달러를 썼기 때문에 그 금액을 현금에서 빼서 자산 항목 밑에 새로 기입한다. 이제 당신은 레몬 50개와 설탕 5파운드를 가진 자랑스러운 소유주이다.

사업을 하는 사람들은 제품을 만드는 데 쓰는 원재료를 뭐라고 부를까? 맞다. 재고라고 부른다.

재고는 원재료, 재공품Goods in process(공장에서 생산 과정 중인 물품 – 역자주), 팔려고 하는 제품을 일컫는 용어다. 당신은 사업을 위해 레몬과 설탕을 사용할 것이기 때문에 레몬과 설탕은 자산으로 분류된다. 따라서 재고는 자산이다.

잠깐 시간을 갖고 스코어카드를 채워 넣어보자.

자산		부채	
현금		차입금	
		자본	
재고자산		초기 투자	
자산총계	___	부채 및 자본총계	___

최근 스코어카드를 보자. 현금은 줄어들었지만 그만큼 재고로 바뀌었다. 다른 말로 하면, 하나의 자산을 다른 자산으로 교체했다.

이러한 교체로 자산총계가 변했는가? 아니다. 당신의 총자산은 여전히 15달러다.

가게에서 물건을 산 것이 스코어카드의 오른쪽에 영향을 주었는가? 아니다. 부채 및 자본총계는 여전히 15달러다.

왼쪽과 오른쪽은 같은가? 그렇다.

균형이 맞다.

이제 레모네이드를 만들 차례다.

레몬즙이나 설탕을 조금도 낭비하지 않고, 물도 쏟지 않도록 조심한다면, 당신은 레몬 50개와 설탕 5파운드, 물 2갤런이면 레모네이드 60잔을 만드는 데 충분하다는 사실을 발견했다.

제조원가를 알아보기 위해 이 정보를 수식으로 만들어보자.

레몬 50개(개당 20센트)	$ _____
설탕 5파운드(파운드당 40센트)	$ _____
+ 물 2갤런	공짜
60잔	= $ _____

총 제조원가를 안다면 한 잔당 원가, 즉 단위 원가를 계산해보자.

$$\frac{\text{제조비용 } \$ \underline{\quad\quad}}{\text{잔 수 } \underline{\quad\quad}} = \text{단위 원가(잔당) } \$ \underline{\quad\quad\quad}$$

답으로 20센트라는 단위 원가를 계산했을 것으로 생각한다(12달러를 60잔으로 나눈 값). 이제 레모네이드 한 잔을 만드는데 20센트의 원가가 든다는 것을 알았다.

평범한 레모네이드가 아니다. 개인적으로 생각하기에 세상에서 가장 맛있는 레모네이드다.

그렇다면 자신에게 질문해보자. '최고의 레모네이드를 맛보기 위해 사람들은 얼마를 지급할까?' 당연히 가격은 원가보다 높게 책정해야 한다. 그렇지 않으면 사업을 오래 할 수 없다. 하지만 얼마나 높게 책정해야 하는가?

주변에 물어본다. 가족, 친구, 이웃 그리고 강아지와 애완용 거북에게도 묻는다. 식당에서 음료를 얼마에 파는지도 생각해본다. 지난여름 아랫동네 어떤 아이(당신은 그 친구를 좋아하지 않는다)가 끔찍한 맛이 나는 분말로 레모네이드를 만들어 1달러에 팔았다는 사실이 기억난다. 놀랍지도 않지만(고소하다), 그 친구는 얼마 벌지 못했다. 그 친구의 부모님이 안쓰러워서, 삼키기도 힘든 그 레모네이드를 몇 잔 사주셨을 뿐이었다.

나의 제품은 탁월하다. 하지만 손님들을 쫓을 만큼 가격을 비싸게 매기고 싶지는 않다. 그래서 조사를 마치고 중요한 부분들을 잠깐 생각한 후 한 잔에 50센트를 받기로 정한다.

이제 중요한 날이 밝았다.

사업을 위한 레모네이드 가판이 열리는 날이다.

햇살이 밝고 따스한 아름다운 날이다. 기대가 크다. 수백 명의 사람이 밖에서 개와 산책하거나 자전거를 타거나 일상을 즐기고 있다. 무엇보다도 다들 너무나도 목이 마른 것 같다.

몇 시간 지나지 않아, 당신의 담배 상자에 동전들이 차기 시작한다. 지폐도 보이기 시작한다. 주문을 겨우 맞출 수 있었다. 차가운 얼음이 담긴 시원하고, 맛있고, 신선하고, 완벽한 유기농 천연 레모네이드를 따르느라 팔이 떨어져 나갈 지경이다. 하지만 사업이 너무 잘돼서 신경이 쓰이지 않는다.

그날 영업을 마치고 계산해보니 레모네이드를 50잔이나 팔았다. 동전과 지폐를 모두 합친다. 영업 첫날인데 레모네이드를 25달러어치나 팔았다! 인생이 이보다 더 좋을 수 있을까?

그런데 레모네이드를 만들기 위해 돈을 썼다는 사실이 떠오른다. 한

잔당 20센트의 원가가 들었고, 레모네이드를 50잔 팔았으니 총 10달러의 원가가 든 셈이다. 이제 원가가 10달러 들었고 레모네이드를 팔아 25달러를 벌었다면 비용보다 15달러를 더 번 것이다.

이것을 뭐라고 부를까? 이익Profit 혹은 순이익Earnings. 맞다. 당신의 순이익을 계산하기 위해서는 매출액(레모네이드를 팔아 번 돈)에서 매출원가(판매된 레모네이드 50잔을 만들기 위해 든 원가)를 뺀다. 그 결과를 사업에서는 매출총이익Gross profit이라고 부른다.

매출액	$ _____
매출원가(50잔: 잔당 20센트)	$ _____
매출총이익(현재까지의 순이익)	$ _____

그날의 영업 결과를 스코어카드에 반영하자.

레모네이드 50잔을 팔았는데 원가는 재고 10달러가 들었다는 사실을 기억하라. 따라서 그 금액만큼 재고가 줄어들었다.

하지만 대신 50잔의 판매금액으로 현금 25달러가 들어왔다. 이제 그 변한 부분을 기록해보자.

자산		부채	
![] 현금		차입금	$10.00
		자본	
![] 재고자산		초기 투자	$5.00
자산총계		부채 및 자본총계	$15.00

왼쪽과 오른쪽이 같은가? 아니다.

왼쪽이 오른쪽보다 얼마나 더 많은가? 15달러

그 15달러는 누구의 소유인가? 당신의 소유다.

따라서 15달러를 자본에 더한다. 하지만 벌어들인 15달러는 초기 투자가 아니다. 그렇다면 우리는 어떻게 해야 할까? 그렇다. 자본 영역에 또 다른 항목을 만든다. 우리는 15달러를 벌었고, 따라서 현재까지의 주간 순이익Earnings*이라는 항목을 자본 영역에 만들 것이다.

다음 스코어카드 오른쪽에 현재까지의 주간 순이익 항목을 넣어라. 그리고 나서 새롭게 부채 및 자본총계를 계산해보자.

---

*실무에서는 이 항목을 '이익잉여금'이라고 한다. (58페이지 하단 각주 참고)

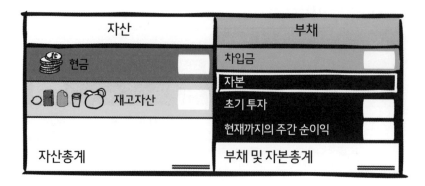

자산		부채	
🪙 현금		차입금	
		자본	
🍶🥛🧉🥤🍋 재고자산		초기 투자	
		현재까지의 주간 순이익	
자산총계		**부채 및 자본총계**	

이제 왼쪽은 얼마인가? 30달러

오른쪽은 얼마인가? 30달러

왼쪽과 오른쪽은 같은가? 그렇다.

이것은 어떤 기본 회계 법칙을 나타내는가? 자산＝부채＋자본

15달러는 언제 벌었는가? 바로 방금.

그 순이익은 누구의 것인가? 나, 나, 바로 나!

스코어카드가 변했는가? 그렇고말고!

그렇다면 마음속으로 또 다른 스냅 사진을 찍어보자. 레모네이드 가판을 운영했고, 이익을 거둔 첫 번째 날을 기록하는 것이다.

그날 저녁, 당신이 실제 번 돈을 마음속에서 이미 다 썼을 때 엄마와 아빠가 폭탄선언을 하신다.

당신이 레모네이드 가판대에서 사용한, 즉 장사하면서 정말 조심히 다루고 장사가 끝난 뒤 반짝거릴 때까지 씻어서 가능한 한 흠집 없이 찬장에 다시 가져다 놓은 유리잔들, 당신이 부엌에서 빌린 유리잔들에 관한 이야기다. 놀라지 마라.

엄마와 아빠는 당신에게 경영에 관한 교훈을 주고 싶으신 것이다. 그래서 사전에 아무 말씀도 없이 유리잔 렌털비 2달러를 청구하기로 하셨다.

정말 엄격한 사랑이다. 당신은 아무 말도 하지 않았지만, 속으로는 엄마와 아빠가 당신의 이익을 보고 당신들의 몫을 바라는 것이라고 확신한다.

설상사상으로 다음 날 가장 친한 친구(혹은 당신 생각에 가장 친했던 친구)가 레모네이드 가판의 간판을 칠해준 대가로 1달러를 받아야겠다고 말한다.

그래 뭐, 모두 사업에 도움이 되었지. 그날 오후, 당신은 가판을 집 앞마당에서 코너에 있는 이웃집 쪽으로 옮기기로 한다. 그곳에서 사업이 더 잘될 것으로 확신했기 때문이다. 하지만 문제는 그 이웃이 당신을 안 좋게 기억한다는 것이다. 그 집이 휴가를 간 동안 잔디를 관리해주기로 하고 돈까지 받았지만, 물을 막는 걸 잊어버려서, 그것도 5시간이나, 지하실이 물로 가득 차 버린 일이 있었다. 하지만 그것은 지난여름의 일이었다. 당신이 어리석은 아이였을 때 말이다. 지금 당신은 자신의 사업을 운영하는 사업가다.

개집에 들어가 긴장한 고양이처럼, 당신은 이웃집의 문을 두드린다. 그리고 상황을 설명한다. 다행히 물에 잠겼던 지하실 얘기는 없다. 오히려 당신의 기업가 정신에 좋은 인상을 받은 이웃은 자신의 집 앞마당을 사용하는 데 따른 합리적인 사용료를 제시한다.

당신은 이제 진짜 매출과 비용을 발생시킨 진정한 사업가이므로, 이

옷집 잔디밭을 사용하는 데 2달러를 낸다.

유리잔 빌리는 데 2달러, 광고비 1달러 그리고 장소 빌리는 데 2달러.

잠깐 비용을 계산해보자.

유리잔 렌털		$ _____
광고		$ _____
장소 대여		$ _____
총비용	=	$ _____

비용이란 제품을 생산하는 데 관련되지는 않지만, 사업을 하면서 발생한 지출이다. 레모네이드를 얼마나 만들고 파느냐에 상관없이 당신은 이러한 비용들을 지급해야 한다. 유리잔 렌털비, 광고비, 장소 대여비같이 제품을 만드는 데 직접 관련되지 않은 지출이 이 항목에 포함된다.

당신은 이 비용을 현금으로 지급한다. 다음 스코어카드에 이 변한 사항을 기록해보자.

자산		부채	
현금		차입금	$10.00
		자본	
재고자산		초기 투자	$ 5.00
		현재까지의 주간 순이익	$15.00
자산총계		부채 및 자본총계	$30.00

왼쪽은 오른쪽과 같은가? 아니다.

양쪽을 같게 만들기 위해 오른쪽에서 5달러를 빼야 한다. 빌린 차입금 10달러를 빼는 건 어떤가? 다시 생각해보니 엄마와 아빠의 방식대로라면, 당신은 초기 대출에 대해 이자를 지급해야 할 가능성도 있다.

비용이 발생하면 무엇이 줄어드는가? 비용은 순이익을 줄인다.

따라서 현재까지의 주간 순이익에서 그동안 발생한 비용을 빼야 한다. 다음 스코어카드에 반영해보자.

자산		부채	
현금		차입금	
		자본	
재고자산		초기 투자	
		현재까지의 주간 순이익	
자산총계		부채 및 자본총계	

이제 왼쪽과 오른쪽이 같은가? 그렇다.

현금은 빠져나갔지만, 엄마와 아빠께 빚진 10달러를 갚을 만큼은 아직 남았다. 당신은 돈을 갚기로 한다. 당신이 레모네이드 사업으로 곧 나이키, 디즈니, 코카콜라, 심지어는 마이크로소프트 같은 대기업에 도전하게 될 것이라고 생각하면서 말이다.

당신은 가장 덜 구겨진 지폐 10장을 고른다. 그리고 봉투에 카드와 함께 넣는다. 카드에는 다음과 같이 쓴다.

돈을 빌려주셔서 감사합니다. 사랑해요!

봉투의 입구를 봉하고 나서 엄마와 아빠께 드린다.

부모님은 봉투를 열어 카드를 읽고 환하게 웃으며 10달러를 주머니에 넣으신다. "잘했다. 네가 정말 자랑스럽구나!" 부모님이 두 팔을 벌려 안아주신다. 자랑스럽고 또 자랑스러운 날이다. 부모님은 차용증을 돌려주신다. 당신은 그 차용증을 찢는다. 삶이 이보다 더 좋을 수는 없다.

빚을 갚기 위해 당신은 현금에서 10달러를 뺐다. 하지만 동시에 차입금은 0으로 줄었다. 이 거래를 다음 스코어카드에 기록해보자.

자산		부채	
현금		차입금	
		자본	
재고자산		초기 투자	
		현재까지의 주간 순이익	
자산총계		부채 및 자본총계	

왼쪽과 오른쪽이 같은가? 그렇다.

그렇다면 이 스코어카드는 무엇인가? 재무상태표

그리고 재무상태표는 항상 어때야 하는가? 양쪽 균형이 맞아야 한다.

재무상태표의 목적을 살펴보자.

왼쪽은 자산이다. 자산이라는 단어는 아이들이 이해하기 쉽지 않다. 그러니 자산을 물건과 재료라고 생각하자.

오른쪽은 부채와 자본이다. 부채는 당신에게 돈을 빌려준 사람들을 나타낸다. 그리고 자본은 사업주로서 당신이 소유하고 있는 것이다. 누가 그 물건과 재료를 소유하고 있을까? 아마도 물론 사람일 것이다. 따라서 오른쪽을 사람이라고 생각하자.

이렇게 사물을 사람과 연결하는 것이 재무상태표의 목적이다. 재무상태표는 당신이 사업을 하면서 가지고 있는 것을 보여준다. 그리고 당신이 가지고 있는 그 물건들과 그것을 소유하거나 소유권을 청구할 수 있는 사람을 연결한다.

이제 다시 돌아가 레모네이드 사업 첫 주 동안 얼마나 많이 재무상태표를 채웠는지 확인해보라. 정말 많다. 거래가 생길 때마다 하나씩 기입했기 때문이다.

일반적으로 거래가 있을 때마다 재무상태표에 기입할까? 아니다.

얼마나 자주 기입해야 하는지는 사업에 따라 다르다. 은행은 정말 많은 돈을 관리하기 때문에 날마다 재무상태표를 새로 채워 넣는다. 다른 사업에서는 주마다, 달마다, 분기마다, 아니면 해마다 재무상태표를 새로 작성한다(기본 회계기간은 1년이다).

당신은 여름내 레모네이드를 팔 계획이기 때문에 회계기간을 일주일로 정해 각각의 활동을 재무상태표에 반영할 것이다.

당신은 정말 잘하고 있다. 하지만 재무상태표가 사업에서 발생하는 모든 일을 알려줄까? 당신의 최근 재무상태표를 보자.

레모네이드 가판에서 생긴 일 중 아직 재무상태표에 기록하지 않은 것이 있는가? 재무상태표에는 그 주의 매출이 얼마였는지 나타나는가? 아니다.

매출원가가 얼마인지 말해주는가? 아니다.

이번 주에도 재고를 매입했는가?

그렇다. 가게에 갔던 것을 기억하는가?

제품을 팔았는가? 당연히 팔았다.

재고자산을 얼마나 샀고, 팔았는지 재무상태표가 말해주는가?

아니다.

비용(유리잔 렌털, 광고, 이웃집 잔디밭 대여 등)으로 얼마를 썼는지 말해주는가?

아니, 아니다. 이런 질문들은 이제 그만!

사업을 하면서 이런 것들을 알 필요가 있을까? 당연히 그렇다. 문제는 재무상태표를 들여다본다고 해서 이런 것들을 알 수는 없다는 것이다. 그렇다면 우리는 어떻게 해야 할까?

또 다른 스코어카드를 만든다.

우리는 재무상태표가 스냅 사진처럼 어떤 특정한 순간을 보여준다는 사실을 배웠다. 하지만 또 다른 스코어카드에서는 특정 기간 동안 일어난 일들에 관한 기록을 보여주었으면 좋겠다. 재고자산을 매입하고, 제품을 만들고, 그 제품을 팔고, 비용이 발생하는 일들은 일정 기간 동안 일어난다.

어떤 종류의 카메라가 이런 기간을 담을 수 있을까? 일어나고 있는 일들 말이다.

비디오카메라가 그렇다.

그래서 영화를 찍는 것 같은 스코어카드가 필요하다. 우리는 어떤 기간의 활동을 다루게 될 것이다. 그 스코어카드는 영화나 비디오처럼 시작과 끝이 있다.

운 좋게도, 그런 스코어카드는 이미 존재한다. 그리고 다양한 이름으로 불린다. 다음 중 어떤 이름이 친근한가?

운영보고서

손익계산서

이익 및 손실 보고서

이 모든 용어가 같은 형태의 재무제표를 뜻한다. 하지만 우리는 손익계산서라고 부르기로 하자.

잠시 쉬어야 한다면, 지금이 좋겠다. 레모네이드에 관한 얘기를 계속하다 보니 정말로 목이 말라졌다. 좀 쉬다 보면, 다음 단계로 넘어가기 전 이번

장을 다시 복습하고 싶어질 수도 있다.

하지만 만약 낙타처럼 아직 힘이 넘친다면, 다음 장의 손익계산서에 관해 알아보도록 하자.

영화를 처음 본 사람들이 어떤 느낌을 받았을지 상상해보자. 영화가 발명되기 전, 세상을 담는 유일한 방법은 사진이나 그림처럼 정지된 이미지였다. 영화가 발명된 이후 사람들은 세상을 있는 그대로 볼 수 있게 되었다. 계속 움직이며 변하는, 그리고 서로 다른 장소에서 사건들이 동시에 발생하는 세상 말이다.

1장 마지막 부분에서 우리는 재무상태표가 마치 사업을 찍은 스냅 사진 같다고 이야기했다. 그리고 손익계산서는 영화 같다고 했다. 사진에 시작과 끝이 있는가? (아니다. 당신이 가장 친한 친구마저 지루하게 만들 수 있는 이상한 철학적 논쟁을 늘어놓고 싶지 않다면 말이다.) 그렇다면 영화는 시작과 끝이 있는가? (당신에게는 두 번 대답할 기회가 있다. 일단 아무 대답이나 해보라!)

손익계산서에는 시작과 끝이 있다.

지금 우리는 재무 관련 스코어카드에 관해 이야기하고 있지, 만드는

데 수천억 원이 드는 화려한 할리우드 쇼에 관해 이야기하고 있는 건 아니다. 그렇다면 도대체 손익계산서는 우리에게 무엇을 보여줄까?

우선 우리의 레모네이드 사업에서 수입이 어떻게 창출되는지 물어보자. 어디서 발생하는가?

매출액이라고 대답했는가? 아주 좋다.

그렇다면 매출액에서 시작하자. 어떤 제품을 만들기 위해서 재료가 필요한가? 그렇다. 판매할 제품을 위해 들어갈 원가를 부를 이름을 생각해보자.

음, 좋은 생각이 없는가?

그렇다면 위험을 감수하고 말해보겠다. 당신이 허락한다면 매출원가라고 제안하는 건 좀 대담할까?

매출원가란 무슨 뜻일까? 중요한 것은 바로 이것이다. 매출원가는 어디에만 관련되어 있는가? 우리의 제품, 즉 레모네이드

맞다. 계산을 좀 해보자. 우리가 돈을 쓴 다른 것들은 놔두고, 매출액에서 매출원가를 뺀다면, 우리는 무엇을 얻을까? 매출총이익

매출총이익은 매출액에서 매출원가를 뺀 값이다(순이익은 약간 다르다. 잠시 후 다룰 것이다).

매출액

– 매출원가

———————————

= 매출총이익

우리는 왜 그것을 매출총이익이라고 부를까? 영어로 매출총이익은 Gross profit인데, 여기서 gross는 독일어로 큰Big 혹은 살찐Fat이라는 의미가 있다. 그러면 왜 이것은 살찐 이익Fat profit인가? 사업과 관계 있는 다른 모든 원가를 같이 뺀 것은 아니기 때문이다.

그러면 그 다른 원가들은 어떤 것들인가?

비용이라는 것을 들은 적이 있는가? 당신이 맞았다.

레모네이드 가판을 열기 위해 우리는 어떤 비용이 들었나? 그렇다. 유리잔을 빌리고, 장소를 찾아 이웃집 마당을 대여하고, 광고도 했다. 그렇다면 우리가 레모네이드를 팔고 안 팔고 상관없이, 사업을 하는 데 드는 돈이 비용인가? 유감스럽게도 그렇다.

조금 전 우리는 레모네이드, 즉 매출액에서 매출원가를 빼서 매출총이익을 얻었다고 말했다. 그렇다면 다른 모든 비용까지 빼면 무엇을 얻게 될까? (이제 순이익에 관해 궁금했던 친구들은 한번 보라!)

매출액

– 매출원가
_____

= 매출총이익

– 비용
_____

= 순이익

순이익^{Net profit}이 어떻게 이 수식의 마지막에 있는지 깨달았는가? 순이익은 때때로 최종 결산 결과^{Bottom line}로 불린다.

우리의 손익계산서에서 지출을 두 카테고리로 나눈 것을 볼 수 있다. 하나는 제품을 생산하는 데 들어간 모든 원가인 매출원가이고, 다른 하나는 생산과 관계없이 사업을 하는 데 필요한 비용이다. 실체적인 제품이 없는 사업(예: 서비스업)에서는 매출원가(혹은 서비스 원가)와 비용으로 나눈다.

이제 다시 1장으로 돌아가 아래 수식에 숫자를 대입하면 최종 결산결과를 알 수 있다.

매출액	$ _____
– 매출원가	$ _____
매출총이익	$ _____
– 비용	$ _____
순이익	$ _____

잠시 숨을 고르고 복습해보자. 손익계산서의 목적은 매출액에서 매출원가를 뺀 금액을 파악하는 것인데, 그 결과는 매출총이익이다. 그리고 여기서 다른 모든 비용을 빼면 무엇을 얻게 될까? 순이익

순이익을 다르게 부르는 이름이 있다면 무엇인가? 순수입Net income 또는 최종 결산 결과

그렇다면 순이익Earnings, Net profit, 최종 결산 결과는 다 같은 말인가? 그렇다.

좋다. 사업으로 다시 돌아가자. 손익계산서의 세부사항을 한 줄씩 살펴볼 것이다. 직선자(종이를 직선으로 잘라도 좋다)가 있으면 좋겠다. 항목들을 간편하고 분명하게 볼 수 있기 위해서다.

〈손익계산서〉

손익계산서   시작: 월요일 오전. 끝: 일요일 오후 $ ☐
매출액
　　기초 재고자산 $ ☐
　　+ 매입
　　　　설탕   ☐
　　　　레몬   ☐
　　총 판매 가능 재고자산 $ ☐
　　- 기말 재고자산   ☐
= 매출원가   ☐
매출총이익 =   ☐
비용
　• _____   ☐
　• _____   ☐
　• _____   ☐
= 총비용   ☐
순이익 $ ☐

우리는 손익계산서가 시작과 끝이 있다는 점에서 영화와 같다고 말했다. 그 기간은 한 주나 한 달 또는 한 분기일 수도 있다. 기간이 얼마나 되건 간에, 그 기간을 회계기간Accounting period이라고 부른다.

우리가 아이였을 때, 다음 날이나 그다음 날을 생각한다는 것이 얼마나 어려웠는지 생각해보면 다음 주나 다음 달은 말할 것도 없지 않을까? 아침 일찍 일어나 오후 파티에 올 손님들을 기다리고 또 기다렸던 것이 얼마나 힘든 일이었는지 기억하는가? 그렇기 때문에 레모네이드 가판 경영을 하고 있는 우리는 회계기간을 그렇게 길게 정하지 말자. 일단 한 주로 하자.

월요일에 시작해서 일요일에 끝나는 것으로 하자. 멋지다. 한 주 내내 사업을 한 것이다. 한 주는 생각보다 긴 시간이다.

첫 주의 매출액이 얼마였는지 기억하는가?

기억이 안 난다면 1장으로 돌아가 확인해보라.

당신이 떠올린 총매출액이 25달러이었으면 좋겠다. 그 금액을 모두 손익계산서 오른쪽에 기입하자. 왜냐고? 우선 그 값이 총합계이기 때문이다. 그리고 그 값을 가지고 곧 또 다른 것을 하려고 하기 때문이다.

그런데 정보를 찾기 위해 다시 돌아가는 것이 정말 불편하다고 느낄 것이다. 그 정보들을 쉽게 찾기 위해 사업에서는 어떻게 정리할까? 원장이라는 것을 만드는데, 원장이란 일어난 모든 것을 그때그때 기록한 것이다. 예전 낭만적이었던 시절에는 원장을 손으로 직접 기록했다. (《크리스마스 캐럴》에서 스크루지가 자신의 원장을 들여다보는 장면을 기억하는가?) 오늘날에는 대부분 컴퓨터를 사용한다. 소프트웨어는 각 항목에 대한 카테고리를 만들고 재무제표를 작성하기 위해 그것들을 더하도록 프로그래밍되어 있다.

다음 줄로 넘어가 보자. 무엇이라고 적혀 있는가? 기초 재고

우리가 이번 주 영업을 시작하기 전 재고가 있었나? 아니다. 이번 주 전에는 어떤 사업도 하지 않았다.

그렇다면 논리적으로 볼 때 기초 재고는 얼마인가? 0. 그렇다면 그 숫자를 적자.

그런 다음, 사업을 시작하기 위해 당신은 가게에서 무엇을 샀는가? 2달러어치 설탕과 10달러어치 레몬. 그것을 적어라.

다음 줄로 넘어가자.

이 모든 것을 봤을 때, 이번 주에 당신이 판매를 위해 가지고 있었던 제품은 얼마나 되는가? (기초 재고 + 매입) 그런데 그 재고들을 다 팔았는가? 아니다.

다음 줄로 넘어가자.

무엇을 빼는가? 팔리지 않은 레모네이드. 그것을 뭐라고 부르는가? 기말 재고

좋다. 우리가 그것을 팔지 못했기 때문에, 실제로 팔린 제품과 관련된 매출원가에는 포함하지 않는다. 그런가? 그렇다.

다음 줄로 넘어가자.

계산할 시간이다. '기초 재고+매입−기말 재고'를 계산해보자. 그 답이 실제 매출원가다. 답은 무엇인가? (손익계산서에 답을 써보자.)

매출원가를 써넣어라. 써넣으면서 그 숫자가 어디에 있는지 주목해보자. 오른쪽.

그 숫자로 무엇을 할 것인가? 그 숫자를 뺀다.

이제 매출원가를 매출액에서 뺀다. 그러면 무엇을 얻는가? (다음 줄에 써넣자. 오른쪽이다.)

그 값을 뭐라고 부를까? 그것은 우리의 매출총이익이다.

이제, 다음으로 무엇을 빼야 할까? 비용들

비용에는 무엇이 있는가? 음… 유리잔 렌털비와 광고 그리고 장소 대여비다. 1장을 보고 실제 금액을 확인하라. 그리고 손익계산서에 기입하자.

총비용은 얼마인가? 비용을 모두 더하라.

이 총액은 어디에 쓰는가? 계속 오른쪽이다.

오른쪽이면 우리가 어떻게 해야 하는가? 뺀다.

어디서 빼는가? 매출총이익에서

빼고 나면 무엇이 남는가? 우리의 순이익

얼마인가? (손익계산서에 써넣는다.)

잠시 쉬면서 땀을 닦고 숨을 고르자.

이제 손익계산서의 숫자를 38페이지에 있는 재무상태표의 숫자와 비교해보자. 재무상태표와 손익계산서에서 같은 숫자가 보이는가? 순이익Earnings과 순이익Net profit

그렇다면 그 두 숫자는 같은가? 현재까지의 주간 순이익(재무상태표)과 순이익(손익계산서) 말이다. 그렇다.

앞에서 우리는 재무 스코어카드를 스냅 사진과 영화에 비유했다. 다른 식으로도 한번 보자.

재무상태표는 우리가 사는 나라의 지도와 같다. 지도에서 무엇을 볼 수 있는가? (도시, 주요 도로, 강, 산 등) 정말 큰 그림에서는 세부적인 것들이 잘 보이지 않는다.

재무상태표의 한 항목에 집중해보자. 순이익을 살펴보자. 그것이 당신이 사는 도시나 마을이라고 생각해보라. 큰 지도에서는 그것이 어디 있는지 알 수 있지만, 다른 세부사항들은 보기 힘들다. 도로, 하천, 지역에서 유명한 장소를 보려면 어떤 지도가 필요한가? (도시나 마을 지도) 그것은 확대한 지도와도 같은데, 바로 손익계산서가 그렇다. 그것은 우리가 어떻게 이익을 얻었는지 보여주는 자세하게 확대한 도시 지도다. 재무상태표는 우리의 순이익이 10달러라고 말할 뿐이다. 손익계산서는 우리의 매출액이 25달러이고, 매출원가는 10달러이며, 비용은 5달러라는 것을 보여준다.

회계라는 세계로 돌아가 보자. 우리는 재무상태표의 순이익을 확대해 무엇을 얻을 수 있는가? 손익계산서.

1장 마지막에 있는 재무상태표와 지금 마무리한 47페이지의 손익계산서의 숫자를 보자.

자산			부채		
🪙 현금		$13.00	차입금		$ 0.00
			자본		
⬜🧴🫙🫗🍊 재고자산		$ 2.00	초기 투자		$ 5.00
			현재까지의 주간 순이익		$10.00
자산총계		$15.00	**부채 및 자본총계**		$15.00

손익계산서 시작: 월요일 오전. 끝: 일요일 오후

				$ 25.00
매출액				
기초 재고자산	$ 0.00			
+ 매입				
설탕	2.00			
레몬	10.00			
총 판매 가능 재고자산		$ 12.00		
− 기말 재고자산		2.00		
= 매출원가				10.00
매출총이익 =				15.00
비용				
• 유리잔 렌털	2.00			
• 광고	1.00			
• 장소 대여	2.00			
= 총비용				5.00
순이익			$	10.00

다시 한 번 보았을 때, 이 두 재무제표에서 서로 관련된 부분은 어디인가? 순이익Earnings과 순이익Net profit

다른 숫자 중 같은 것이 또 있는가? 있다. 재고자산

왜 기말 재고가 재무상태표에도 있고, 손익계산서에도 있을까? 왜냐하면 우리가 그것을 사용하지 않았기 때문이다.

우리는 그것을 매출원가에 넣지 않는데, 그 이유는 그것을 팔지 못했기 때문이다. 따라서 우리는 그 값을 판매 가능 재고에서 뺀다. 그것을 팔지 못했기 때문에, 재무상태표에는 그 값이 남아 있을까? 그렇다.

나중에 우리가 팔 수 있는 것인가? 그렇다. 그렇다면 그것을 기말 재고로 남긴다.

이제 주말이 되었다면, 이것은 어떤 재무상태표인가?

기말 재무상태표

그리고 이것이 기말 재무상태표라면, 남아 있는 재고는 무엇인가?

기말 재고

그 두 재무제표를 보면서 서로 어떻게 연결되어 있는지 살펴보자. 우리는 월요일에 어떤 재무상태표로 시작했는가? 기초 재무상태표

그리고 일요일 밤에는 어떤 재무상태표로 끝났는가?

기말 재무상태표

재무상태표는 시간에 따라 두 가지 스냅 사진을 보여준다. 우리는 실제로 재무상태표를 많이 작성했다. 거래가 생길 때마다 하나씩. 우리는 이 책에서 계속 그렇게 할 것이다. 회사에서는 회계기간이 시작되고 끝나는 시점에 기초와 기말 재무상태표만 작성한다.

그렇다면 이번 주가 시작하는 시점에서, 우리의 기초 재고는 어땠는가? 0. 그리고 우리의 기말 재고는? 2달러

기초와 기말 재무상태표를 연결하는 것은 무엇인가?

영화, 즉 손익계산서

그렇다. 기초 재무상태표는 우리가 어디에서 시작했는지 보여주고, 기말 재무상태표는 우리가 지금 어디에 있는지 보여준다. 그리고 우리가 어떻게 그곳에 다다랐는지 보여주는 것은 무엇인가? 손익계산서

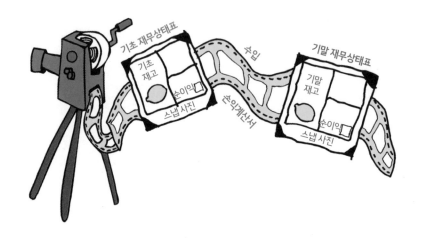

정말 잘했다. 새내기 사업가로서도 잘했고, 회계 기초도 잘 이해했다.

아주 잘하고 있으니, 좀 어려운 것에 도전해보자. 바로 이번 주에 일어났지만 우리의 최종 재무상태표와 손익계산서에는 보이지 않는 항목에 관한 내용이다.

다음 세 가지 질문이 있다.

그 항목은 무엇인가?
그 항목은 왜 두 재무제표에 없는가?
이 항목이 없다는 사실이 지금까지의 기록과 관련해
의미하는 바는 무엇인가?

첫 번째 질문에 대한 답은 엄마와 아빠께 갚은 차입금이다. 이 사실이 왜 재무상태표에 보이지 않을까? 왜냐하면 이미 갚았기 때문이다. 재무상태표에 있는 차입금에는 아직도 갚지 않은 것만 나타난다.

이것이 왜 손익계산서에는 나타나지 않는지 이해하기 위해 그 돈이 어떻게 생겼는지 질문해보자. 당신이 벌었는가? 아니다. 부모님께서 빌려주셨다. 빌린 돈을 상환하는 데 비용이 발생했는가? 아니다. 빌려서 지금까지 잠깐 사용했던 돈을 돌려드렸을 뿐이다. 그렇다면 빌린 돈의 원금, 즉 실제 빌린 액수만큼의 현금은 손익계산서에 나타나지 않는다. 왜냐하면 당신이 '벌지' 않았기 때문이다.

순이익에 영향을 미칠 수 있었던 것은 무엇인가? 이자다. 비용으로 나타날 수 있었던, 빚에 대한 이자다. '감사합니다. 엄마와 아빠는 그것까지는 생각하지 못하셨네요.'

세 번째 질문으로 가보자. 이것이 우리의 기록과 관련해 의미하는 바는 무엇인가? 두 가지 재무제표로는 충분하지 않다는 점이다.

어떻게 생각하는가? 두 재무제표가 그림 전체를 보여주는 것은 아니다. 적어도 세 가지 재무제표가 있어야 한다. 세 번째 재무제표는 무엇인가? (이미 알고 있을 수도 있지만, 당신이 돈을 빌리고 갚았을 때 무엇에 영향을 미쳤는가? 당연히 현금흐름이다. 그래서 세 번째 재무제표에서는 현금흐름을 파악한다. 우리는 이 재무제표에 관해 다음 장에서 자세히 살펴볼 것이다.)

휴~, 이제 한 주가 끝났다. 일요일에도 일하고 싶은가? 뭐라고? 친구와 함께 동네 냇가에서 수영하기 위해 쉴 수 있는 날을 기다리고 있었다면, 일요일에는 쉬자.

　남은 재고(레모네이드 10잔)는 어떻게 할 것인가? 냉장고에 넣어 놓고 이렇게 써서 붙여라.

판매용!

만지면 죽음!

　이제 쉴 시간이다.

　쉬기 전에, 사업을 시작한 첫 주를 훌륭하게 보낸 당신 자신에게 별 하나를 주어라. 잘했다!

월요일이다. 아침부터 햇볕이 쨍쨍한 게 오늘은 정말 더울 것 같다. 이 사실이 당신에게 의미하는 바는 하나다. 신진 음료수 재벌! 레모네이드를 팔기에 정말 좋은 날이다.

지난주는 초보자치고 나쁘지 않았다. 하지만 이제부터는, 그래, 바깥 세상도 보자.

우선, 우리의 지난 재무상태표를 살펴보자.

자산		부채	
현금	$13.00	차입금	$ 0.00
재고자산	$ 2.00	**자본**	
		초기 투자	$ 5.00
		현재까지의 주간 순이익	$10.00
자산총계	$15.00	부채 및 자본총계	$15.00

이 재무상태표는 언제의 재무상태표인가? 지난주

따라서 이것은 어떤 재무상태표인가? 기말 재무상태표

이 재무제표는 지난주 기말 재무상태표인데, 그렇다면 기말 재고자산은 어디에 있나? 냉장고 안에

이제 월요일 아침이다. 냉장고 문을 열어보니 거기에 무엇이 있는가? 나의 레모네이드, 만약 거기에 레모네이드가 없다면 누군가 진지하게 답해야 할 것이다.

가정의 평화를 위해, 나의 레모네이드가 아직 냉장고에 있다고 하자. 지난주에 넘어온 이 기말 재고는 이번 주에는 어떤 재고가 되는가? 기초 재고. 맞다.

마지막으로 한 번 더. 기말 재고자산은 자동으로 어떤 재고자산이 되는가? 그렇다. 그 다음 주를 위한 기초 재고자산

기말 재무상태표는 지난주에 관한 재무상태표였으니, 우리는 두 번째 주의 시작을 위해 어떤 재무상태표를 만들어야 할까? 기초 재무상태표

지난주의 기말 재무상태표를 이번 주의 재무상태표로 변환하기 위해 해야 할 일이 하나 더 있다. 그것이 무엇인가? 순이익

우리의 순이익은 언제 많았는가? 지난주, 사업을 시작한 첫 주

결과적으로 그 순이익은 무엇이 되었는가? 역사

역사가 된 순이익, 즉 과거 회계기간에 발생한 순이익은 무엇이라고 부를까? 이익잉여금Retained Earnings＊

＊실무에서는 과거 회계 기간에 발생한 순이익과 이번 주에 발생한 순이익을 구분하지 않고 합산하여 이익잉여금 항목에 기록한다. 이 책에서는 재무상태표와 손익계산서의 관계를 쉽게 이해할 수 있도록 하기 위해 의도적으로 구분했다.

그렇다, 이익잉여금. 그리고 어느 시기에 대한 순이익 공간을 만들어야 할까? 이번 주

우리는 그 순이익을 지난주에서 가져와 이익잉여금이라는 항목으로 넘길 것이다. 그리고 이번 주에 발생할 순이익을 위한 자리도 만들 것이다. 우리는 노래를 부르면서 이 일을 할 것이다. 모두 '맥주통을 굴러라 Roll Out The Barrels'에 맞춰 노래하자. 준비되었는가?

순이익을 넘겨라, 레몬이 금으로 변하고 있다.

순이익을 넘겨라, 레몬이 금으로 변하고 있다.

당신은 순이익을 이월했다. 이제 이익잉여금으로 10달러가 있어야 하고 현재까지의 순이익은 0이어야 한다. 이것을 반영해 다음 재무상태표를 완성해보자.

자산		부채	
현금		차입금	
		총부채	
재고자산		**자본**	
		초기 투자	
		이익잉여금	
		현재까지의 주간 순이익	
		총자본	
자산총계		**부채 및 자본총계**	

이익잉여금은 언제부터 발생한 모든 순이익을 보여주는가?

이전 회계기간

이익잉여금은 정확히 무엇인가? 과거 회계기간부터 쌓인 순이익이라고 이야기했다. 순이익의 처리 방법은 두 가지뿐이다. 사업을 위해 유보하거나 회사의 주주에게 나눠주는 것이다. 회사에서 순이익의 분배는 회사가 주주에게 배당금을 지급하는 것을 의미한다. 분배되지 않은 순이익은 회사에 유보된다.

이번 주 우리의 순이익은 현재까지의 주간 순이익에 기록될 것이다. 왜냐하면 우리는 항상 현재 기간, 즉 당기에 속해 있기 때문이다.

복습해보자. 새롭게 시작되는 주 초에 기말 재무상태표를 업데이트해서 기초 재무상태표로 만들기 위해 무엇을 할 것인가?

순이익을 이월하고, 그 순이익을 회사에 유보하고, 기말 재고자산을 기초 재고자산으로 바꾼다.

멋지다! 이제 새로운 한 주를 시작할 준비가 되었다.

월요일 아침, 눈을 뜨면서 갑자기 '왜 사업을 작게 해야 하지?'라는 생각이 떠오른다. 레모네이드 사업을 성장시키기에 지금같이 적절한 때는 없을 것 같다.

진짜 사업가라면 엄마와 아빠께 돈을 빌리러 가지는 않는다. 진정한 사업가라면 진짜 은행에서 돈을 빌린다.

아침을 먹고, 말쑥한 옷을 입고, 머리를 다듬는다. 그리고 엄마나 아빠에게 주변에 있는 은행까지 태워달라고 부탁드린다. 당신은 은행원에게 재무제표를 보여준다.

은행원은 먼지의 흔적조차 보이지 않는 말쑥한 양복을 입었다. 반면 당신은 깨끗하긴 하지만, 운동화에 청바지, 'KIDS RULE!'이라고 쓰인 티셔츠를 입었다. 당신은 아주 큰 의자에 앉으면서, 까불지

않고 똑바로 앉아 어른스럽게 보여야 한다고 생각한다.

"전 좋은 고객이 될 거예요. 약속할 수 있어요." 당신은 갈라진 목소리로 은행원에게 말한다. "제가 돈을 갚는 것에 대해서는 걱정 안 하셔도 될 거예요. 부모님께 10달러를 빌렸는데 벌써 다 갚았거든요."

은행원은 고개를 들고 끄덕인다.

"제 재무상태표를 한번 보세요." 당신은 자랑스럽게 말한다. "저한테는 현금으로 10달러가 있어요. 재고도 좀 있는데, 빚은 없어요. 5달러로 제 사업을 시작했는데 지난주 순이익은 10달러나 돼요."

은행원은 당신의 스코어카드를 힐끗 보더니 고개를 끄덕인다. "인상적이구나. 이런 좋은 기록을 보여주지 못하는 어른 사업가도 많단다"라고 말한다.

방금 은행원이 당신을 칭찬했다고 확신했지만, 뭐라고 대꾸하긴 힘들다. 그 은행원의 눈썹과 입술에 움직임이 거의 없기 때문이다. "아이들한테도 대출해주시나요?" 당신은 묻는다.

은행원은 "우리는 고객의 나이, 성별, 종교, 인종 또는 민족적 정체성

에 관해 차별하지 않는단다"라고 대답한다.

당신은 그 대답이 질문에 대한 긍정적인 답이라고 확신한다.

"손익계산서도 보세요." 당신은 계속 말한다. "지난주 매출은 25달러였어요. 매출총이익은 15달러였고요. 그런데 비용이 발생해서 순이익은 10달러였어요. 저한테 50달러를 대출해주실 수 있으세요?"

당신을 인상 깊게 본 은행원은 현금 50달러를 대출해준다.

"감사합니다. 제 사업에 관심을 가져주셔서 감사합니다. 후회하지 않으실 거예요. 퇴근하는 길에 제 가판대에 들러주세요." 당신은 은행을 나서려다가 뒤돌아서서 묻는다. "아시겠지만, 초기 투자 5달러로 순이익 10달러를 벌었으니 제 투자수익률은 200%랍니다. 은행은 어떤가요?"

은행원은 웃으며 당신이 잘되기를 빌어준다.

이제 방금 무슨 일이 일어났는지 스코어카드에 나타내보자.

우선, 무엇이 들어왔나? 현금

그렇다면 50달러를 반영하라.

자산		부채	
현금		차입금	$0.00
		총부채	$0.00
재고자산		자본	
		초기 투자	$5.00
		이익잉여금	$10.00
		현재까지의 주간 순이익	$0.00
		총자본	$15.00
자산총계		부채 및 자본총계	$15.00

균형이 맞는가? 아니다.

어디서 돈을 빌렸나? 은행에서 50달러를 빌렸다.

어디에 기입해야 할까? 차입금.

다음 스코어카드에 나타내보자.

자산			부채	
현금			차입금	
			총부채	
재고자산	$2.00		**자본**	
			초기 투자	$5.00
			이익잉여금	$10.00
			현재까지의 주간 순이익	$0.00
			총자본	
자산총계			부채 및 자본총계	

이제 균형이 맞는가? 그렇다.

은행에서 돌아오니, 이미 점심시간이다. 비가 올 것 같기도 하다. 그래서 오늘 남은 시간은 쉬기로 한다. (당신은 사장이니 가능하다!) 하지만 냉장고에 있는 레모네이드가 내일까지 괜찮을지 걱정된다. 당신은 남은 재고를 원가인 현금 2달러에 친한 친구에게 팔기로 한다. 친한 친구는 항상 목마르다고 하고, 당신이 만든 레모네이드도 좋아하기 때문에 서로 윈−윈이다. 날씨만 좋았다면 훌륭한 날이었을 오늘, 당신을 우울하게 만드는 게 딱 하나 있다. 당신이 집에 있으니 엄마와 아빠가 방 청소를 시키신다.

지금 일어났던 일을 재무적으로 나타내보자. 어떻게? 재고자산을 줄이는 것으로? 그렇다. 모두 말이다. 하지만 재고를 0으로 줄이면, 그 2달러는 어디로 가는가? 친구가 당신에게 2달러를 주었으니 현금 항목에 더하라.

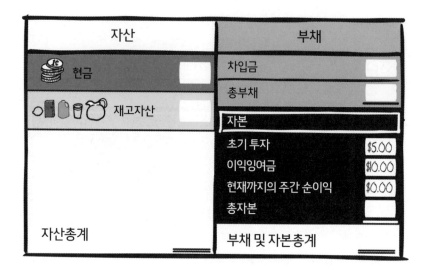

균형이 맞는가? 그렇다.

무슨 일이 일어났는가? 2달러어치의 레모네이드는 무엇으로 변했는가? 현금 2달러

자산총계는 변했는가? 아니다.

매출은 있었는가? 그렇다.

단지 무엇을 얻지 못했는가? 이익

이 거래가 우리의 손익계산서에 나타날까? 그렇다. 어떤 부분에 나타날까? 총매출액. 한 주를 마무리하면서 손익계산서를 작성할 때 이 부분을 총매출액에 꼭 반영하자.

아주 짧은 휴가(방을 청소해야 해서 휴가를 방해받기는 했지만)가 끝났고, 당신은 이제 새 레모네이드를 만들어야 한다. 당신은 엄마와 아빠가 외상 거래를 한 식료품점에 갚아야 할 돈에 관해 이야기하시는 것을 들었다. 생각해보니 당신도 외상 거래를 할 수 있을 것 같다. 시도해볼 만하지 않은가?

부모님께 이 아이디어에 대해 말씀드리니 시도해볼 만하다고 말씀하신다. 그래서 차고에서 자전거를 꺼내 정신없이 페달을 밟으며 (물론 차와 미친개들은 조심하면서) 식료품점으로 향한다. 밖에서 잠시 숨을 고른다. 창문을 보며 외모를 살핀다. 침을 손끝에 묻혀 자전거를 달리며 형클어진 머리를 다듬는다. 부모님은 침을 묻히는 걸 싫어하시지만 지금은 비상상황이니까! 이제 당신은 식료품점 주인인 파커 아저씨가 당신을 땀 냄새를 풍기는 아이가 아닌, 사업가로 봐주셨으면 한다.

"파커 아저씨!" 당신은 가게에 들어서며 말한다. "제가 지금 사업 중인데요. 아저씨처럼요. 정말 큰 회사들과 경쟁하기 너무 힘들어요. 그렇죠? 우리처럼 작은 사업가들은 서로 도와야 할 것 같아요. 사업가로서 다른 사업가를 돕는 건 어떠세요? 파운드당 40센트 가격으로 설탕 10파운드를 사고 싶어요. 다 합쳐서 4달러네요."

"가능할 것 같구나." 파커 아저씨가 윙크를 하며 말씀하신다. 그 식료품점은 아저씨에게는 가업이다. 그 식료품점은 큰 공간으로 이루어져 있는데, 신선식품부터 과자까지 모든 것을 판다. 그 공간은 제품들로 가득하고 바닥의 깔개는 족히 50년은 되어 보인다. 하지만 당신은 거대하지만 인간미 없는 대형 슈퍼마켓보다 그곳을 더 좋아한다. 마음씨 좋은 파커 아저씨가 가게에 오는 모든 아이에게 쿠키를 공짜로 나눠주는 것도 한 몫 한다.

또 다른 이유는 파커 아저씨와 가게 직원 모두의 고객 서비스가 훌륭하기 때문이다. 식료품점 직원들은 모든 고객의 이름을 알고 있다. 당신은 너무 익어 신선하지 않은 과일을 엄마가 고르셨을 때 사지 말라고 파커 아저씨가 말씀하시던 장면을 잊을 수 없다. 파커 아저씨는 계산대에서 나와 진열된 과일 중 가장 좋은 것을 골라 공짜로 주셨다. 그렇다. 파커 아저씨는 고객을 어떻게 대해야 하는지 알고 계셨다.

당신은 파커 아저씨를 정말 좋아한다. 당신이 좋아하는 삼촌이나 할아버지만큼 말이다. 그래서 한마디 덧붙일 용기가 생긴다. "그런데 그 설탕을 외상으로 샀으면 하는데요."

"외상으로? 내가 왜 외상으로 팔아야 하는지 말해줄 수 있니?"

"저희 부모님께는 외상으로 파시잖아요. 그러니 저도 외상으로 살 수 있지 않을까요?"

"하지만 부모님은 돈을 버시잖니?" 파커 아저씨가 지적하셨다.

"저도 돈을 벌고 있어요. 신선한 레모네이드를 팔고 있거든요." 당신이 대답한다.

"레모네이드? 좋은 레모네이드니?"

"이 지구에서 완전히 최고면서, 완전히 끝내주는 레모네이드죠." 당신은 말한다.

"그렇게 좋다고? 내 사업을 접게 하려는 거니?" 파커 아저씨가 미소 지으며 말씀하신다.

"그 반대예요." 당신은 바로 대답한다. (아저씨가 곧바로 멋지게 대답해주시는 게 놀랍다.) "제가 레모네이드를 더 많이 팔수록, 아저씨 가게에서 더 많은 레몬과 설탕을 사게 되잖아요. 그리고 종이컵과 냅킨도요. 그리고 언젠가는 쿠키도 같이 팔게 될 텐데, 근처에서 제일 좋은 아저씨의 제과점에서 사게 될 거예요." 당신은 좋은 아이디어들을 쏟아내면서 그것들이 파커 아저씨를 설득하는 데 충분했으면 좋겠다고 생각한다.

파커 아저씨는 이웃에 살면서 필요할 때는 학교에 식료품들을 공짜로 주신다. 파커 아저씨는 당신과 당신 가족과 오랫동안 알고 지냈다.

"그래, 네가 그런 것까지 다 생각했구나. 조만간 내 사업을 도와줄 수도 있겠지?" 파커 아저씨가 당신을 바라보며 말씀하신다.

"아저씨는 저한테 외상으로 주시고요?" 당신은 희망 섞인 목소리로 묻는다.

"외상으로 4달러어치 주마." 서명할 종이를 당신에게 주면서 아저씨가 말씀하신다.

집으로 돌아와 배낭을 푼다. 배낭에 들어 있는 것들은 재무적으로 어떤 항목에 속하는가? 재고자산

어떤 종류의 재고인가? 설탕

얼마어치인가? 4달러. 색깔은? 흰색. 방금 확인했다.

설탕을 사기 위해 현금을 지불했는가? 아니다. 정말 좋은 나라다. 그렇다면 어떻게?

우리는 빚을 졌나? 그렇다.

식료품점에서는 외상을 파악하기 위해 무엇을 만들었나? 외상 장부를 만들었다.

그리고 외상값은 누구에게 지급해야 하는가? 식료품점

사업에서는 이런 것을 뭐라고 부를까? 외상매입금Account payable

이제 당신에게는 또 다른 종류의 부채가 생겼다. 은행에서 대출에 대한 채무증서를 썼고, 그리고 식료품점에서 외상 장부를 만들었다. 이 최근의 거래들을 다음에 나타내보자.

자산		부채	
💰 현금		외상매입금	
		차입금	
🥫 재고자산		총부채	
		자본	
		초기 투자	
		이익잉여금	
		현재까지의 주간 순이익	
		총자본	
자산총계		**부채 및 자본총계**	

두 부채의 차이는 무엇인가?

은행에 대한 채무증서는 은행에서 당신에게 무엇을 주었다는 표시인가? 돈!

그리고 식료품점에서 발생한 외상매입금은 식료품점에서 당신에게 무엇을 주었다는 표시인가? 설탕, 즉 재고

그렇다면 차입금은 다른 사람에게 받은, 빚진 돈과 관련이 있다. 그리고, 외상매입금은 언젠가는 값을 지불해야 하는, 사업을 위해 받은 물건과 관련 있다고 말하는 것이 맞는가? 그렇다. 다른 말로 하면 우리는 채무증서를 쓰고 돈을 받았고, 외상매입금을 발생시켜 물건이나 서비스를 받았다.

차입금과 외상매입금 사이에는 또 다른 점이 있다. 그것은 시간과 관련 있다. 일반적으로 은행 대출금(차입금)과 가게 외상(외상매입금)은 각각 상환기간이 다르다. 다시 말해 하나는 단기이고, 다른 하나는 그보다 좀 더 길다.

어떤 것이 짧고, 어떤 것이 길까? 외상매입금은 상환기간이 단기인데, 보통 기한이 30일 정도다. 차입금은 장기인데, 몇 년이 될 수도 있다. 바로 이런 이유로 외상매입금이 부채 중 첫 번째 항목으로 표시된다. 일반적으로 부채는 상환기간 순서로 표시되기 때문이다.

또 다른 점은 무엇일까? 힌트: 상환할 때 모든 은행 대출에는 붙지만, 일반적으로 가게 외상에는 붙지 않는 것은 무엇일까? 이자!

이자가 발생하는 것은 무엇인가? 차입금. 보통 외상매입금은 당신이 제때 상환한다면 이자가 붙지 않는다.

두 경우에서 모두 무엇을 창출했나? 신용! 당신은 정말 총명한 사업가

다. 아니면 적어도 엄마와 아빠, 그리고 다른 사업가나 소비자와 꽤 비슷한 수준이 되었다. 우리는 사람들에게 돈을 빌렸다. 이제 성장하는 느낌에 관해 이야기해보자.

어느 정도 외상으로 물건도 구입했으니 이제 다른 재료도 사보자. 개당 20센트에 레몬 100개를 산다. 당신은 식료품점과 좋은 관계를 유지하고 싶어 레몬 값은 현금으로 지불한다.

현금 항목에서 나간 돈은 무엇으로 바뀌었나? 재고

재고는 얼마나 되나? 20달러어치의 레몬이 들어왔다.

한 번 더, 우리는 무엇을 했나? 20달러의 현금을 무엇과 바꿨는가? 20달러어치의 재고

실제로 우리는 한 자산을 다른 자산으로 바꾸었다. 그렇다.

다음 스코어카드에 이 거래들을 반영해보자.

자산		부채	
현금		외상매입금	
		차입금	
재고자산		총부채	
		자본	
		초기 투자	
		이익잉여금	
		현재까지의 주간 순이익	
		총자본	
자산총계		부채 및 자본총계	

균형이 맞는가? 그렇다.

당신에게는 자산 69달러, 부채 54달러, 자본 15달러가 있어야 한다. 오른쪽 합은 69달러다.

잘하고 있다. 특히 이 모든 스코어카드를 참을성 있게 잘 작성하고 있다. 나를 믿어라. 이제부터 기분이 좋아질 것이다.

우리가 작성한 재무 스코어카드가 최근 거래까지 반영했기 때문에 잠시 쉬어도 좋다(원한다면). 그리고 나서 세상 최고의, 신선한 레모네이드 한 통을 만들어보자.

4장

이제 레모네이드를 만드는 데 프로니까 한 번에 큰 통으로 가득 만든다. 한 번에 60잔을 만들기 위해서는 레몬 50개(개당 20센트)와 설탕 5파운드(파운드당 40센트)가 필요하다. 제조원가는 얼마인가?

답하기 전에, 다른 요소들도 생각해보자. 지금까지 당신은 레모네이드를 모두 직접 만들었다. 하지만 오늘 아침은 친구들과 자전거를 타면서 시간을 보내기로 했다. 그리고 당신은 돌아오자마자 레모네이드 가판을 열고 싶다.

그래서 누나에게 레모네이드를 대신 만들어줄 수 있는지 묻는다. 당신과 누나는 항상 좋은 사이였다. 하지만 그날은 당신의 친구들이 밖에서 기다리는데 갑자기 누나가 스크루지로 변한다.

"왜 널 도와야 하지?" 누나가 묻는다.

"제발, 이번 한 번만. 누나가 전화 걸 때 다시는 방해하지 않겠다고 약속할게." 당신은 애원한다.

"그거로는 불충분해." 누나가 대답한다. "난 바보가 아니라고. 담배 상자에서 달그락거리는 돈 소리 다 들었어. 레모네이드를 준비하고 싶다면 나한테 돈을 줘야 할 거야."

이런, 누나는 당신을 잘 안다. 소년이여, 부자가 되고 유명해질 때까지 참아라. 그때가 되어 누나가 굽실거리며 당신에게 부탁할 모습을 떠올려라. 하지만 그때까지는 몇 년이 남았고, 지금 당신의 친구들은 서두르라며 소리 지르고 있다.

"내가 졌어." 당신은 한숨 쉬며 말한다. "얼마면 되는데?"

누나가 미소 짓는다. 승리에 겸손하지 못하다. "60잔을 만드는 데 1달러는 줘야지."

우선 당신은 누나의 잘난 체에 화가 난다. 하지만 곧 마음을 진정시키고 돈을 주기로 한다. 사업은 사업이니까. "좋아." 당신은 동의한다.

누나에게 돈을 건네고 문을 나선다. 친구와 함께 자전거를 타자마자 당신은 그 일을 다시 떠올린다. 60잔을 만드는 데 노동비로 1달러는 너무 비싸고, 당신의 이익도 줄어들 것이다. 하지만 당신은 이번 한 번 정도는 괜찮다고 생각한다.

자전거를 타면서 재충전한 후 오후 영업시간에 맞춰 돌아와 보니 다행히 누나가 일을 잘해놓았다. 냉장고 안에 레모네이드 60잔이 있었다. 그렇지, 사장으로서 일을 시키는 것도 나쁘지는 않은 것 같군!

진지하게 재고를 살펴보자. 지금 우리 재고에는 두 가지 타입이 있다. 우선 레몬과 설탕을 뭐라고 부를까? 원재료

그리고 레모네이드는 어떤 타입의 재고일까? 제품

그렇다면 우리(또는 누나)가 레모네이드를 만들고 있는 동안에는 그것을 뭐라고 부를까? 재공품WIP, Work-in-process. 재공품 계정은 대형 제조업체에서는 큰 항목이다.

원재료에서 재공품을 거쳐 제품으로 만들어진다.

하지만 당신은 이번에는 원재료를 모두 사용하지 않았다. 결과적으로 재고에는 원재료와 제품, 두 가지가 모두 있다. 원재료는 판매 가능한가? 그렇다.

일단 재무제표를 작성하기 위해 모든 재고는 판매 가능하다고 하자.

제품을 만들기 위해 지불한 노동비를 반영하기 위해 오후 영업 시작 전 다음 재무상태표를 완성해보자.

자산		부채	
현금		외상매입금	
		차입금	
재고자산 원재료		총부채	
제품		자본	
		초기 투자	$5.00
		이익잉여금	$10.00
		현재까지의 주간 순이익	
		총자본	
자산총계		부채 및 자본총계	

그 노동을 어떻게 기록했나? 현금을 1달러 줄였다.

하지만 여기에는 요령이 약간 필요하다. 그것을 비용으로 처리하고 순이익을 줄이라고 말하는 사람이 많을 것이다.

하지만 이 경우에는 지불한 현금을 비용으로 처리하지 않는다. 이유는 이미 알고 있을지 모르겠다. 그것은 누나의 일과 관계 있다. 누나의 일은 당신의 제품을 만드는 일이다. 말 그대로 누나의 작업은 재고의 가치를 높였다. 그래서 사실 당신은 현금에서 1달러를 빼고, 재고자산에 1달러를 더해야 한다. 결과적으로 이제 현금은 44달러이고, 재고자산은 25달러이다. 지금부터 우리 재무상태표에서는 원재료와 제품을 구분할 것이다. 당신에게는 12달러어치의 원재료와 13달러어치의 제품이 있어야 한다. 총 재고자산은 25달러다.

당신은 이제 제조원가 중 노동비가 재고와 연관되어 있다는 사실을 알았다. 그 1달러의 비용은 재고가 판매될 때까지 인식(또는 비용처리)될 수 없다. 이것이 회사들이 항상 재고 수량을 면밀히 관리하고 빠른 시일 내에 재고를 판매하고 싶어 하는 이유 중 하나다.

그렇다면 이제 팔아보자!

더운 날이고 땀도 난다. 하지만 판매가 아주 잘되니 좋다. 당신이 새로 잡은 위치가 좋아 장소를 빌리기 위해 지불한 돈을 쉽게 만회했다. 당신이 만든 엄청난 레모네이드에 관한 소문을 듣고 다른 동네에서 자전거를 타고 온 아이들(모두 처음 본다!)도 있다.

침을 줄줄 흘리며 온 친구도 있다. "제발, 제발, 레모네이드 좀 줘."

"달란 말이지?" 당신은 친구의 말을 따라 한다.

"돈을 집에 두고 왔지만, 돈을 낼 수 있어. 약속할게." 친구들이 말한다.

그 아이들은 친구이기 때문에 외상으로 레모네이드를 판다.

오후가 끝날 즈음 너무 많은 레모네이드를 따르느라 팔이 떨어져나갈 것 같다. 하지만 팔린 레모네이드를 보니 그럴만한 가치는 있다.

한 잔당 50센트씩 60잔

40잔은 현금으로, 20잔은 외상으로 판매

판매액은 모두 얼마인가? 30달러. 20달러는 현금이고 10달러는 외상이다.

일어난 일을 되돌아보자.

만들었던 레모네이드를 다 팔았는가? 그렇다.

레모네이드를 얼마나 팔았는가? 60잔

사업적으로 볼 때 무엇이 줄어들었나? 재고자산

얼마나 줄었는가? 13달러어치

무엇이 들어왔나? 현금

현금은 얼마나 들어왔나? 20달러

당신은 현금으로 판 레모네이드 40잔으로 20달러를 벌었다. 다른 일은 없었나?

친구 중 몇 명이 레모네이드를 사고 싶지만, 돈이 없다고 말했다. 그 친구들의 부모님이 무엇을 주지 않으셨기 때문에? 용돈. 그래서 그 친구들은 지금 레모네이드를 마시고, 돈은 언제 내겠다고 했는가? 나중에.

당신은 항상 친절하고 좋은 사람인 동시에, 판매도 늘리고 싶어 그 친구들에게 레모네이드를 팔기로 했는가? 그렇다. 그것 때문에 신경이 쓰였다는 사실을 인정하는가? 물론, 약간은 그랬다. 당신은 판매한 내용을 기록해두었는가? 그렇다.

물론, 외상으로 산 아이들은 당신의 친구들이다. 하지만 이것은 사업이다! 당신은 작은 노트를 꺼내 친구들에게 판 내용을 기록했다. 테드, 1잔 50센트, 나탈리, 2잔 1달러….

친구들은 어떻게 했는가? 그 친구들은 누구와 외상 장부를 만들었는가? 그렇다. 당신이다.

목말랐던 아이들은 레모네이드를 마셨는가? 당연하다.

그것도 매출인가? 그렇다.

당신이 무엇을 받지 못했는가? 현금

그래서 외상 장부를 만들어야 했다.

그 돈은 바로 당신에게 빚진 것인가? 그렇다.

하지만 곧 당신은 친구들에게 무엇을 받게 될 것인가?

초록색 종이, 즉 현금

당신은 외상 장부를 만들어 친구들에게 돈을 받을 계획이다. 그 항목을 무엇이라고 부를까? 외상매출금

외상매출금은 당신이 가진 것인가? 그렇다.

외상매출금은 무엇을 의미하는가? 자산

그것은 우리가 곧 받을 돈이기 때문에 거의 현금에 가깝다고 볼 수 있는가? 그렇다.

어떤 색으로 표시할까? 거의 녹색에 가까운 색으로.

친구들은 돈을 주겠다고 약속하고, 약속하고, 또 약속했는가? 그렇다. 새끼손가락을 걸기까지 했다. 갚을 수 있다고도 했다. (그리고 당신이 친구들을 믿지 못한다면 누가 당신을 믿을 것인가?) 하지만 실제로 그들이 당장 돈을 주었는가? 아니다, 아직은. 하지만 그래야 할 것이다.

그 친구들은 주말에 용돈을 받을 것이라고 말했는가? 그렇다. 레모네이드를 들이켜기 바로 전에.

그것은 좋은 생각이었을까? 사업을 하면서 왜 사람들에게 외상을 줄까? 심지어 이런 말도 있다. "지금 사고 나중에 내세요." 그렇다. 매출을 늘리기 위해서다.

다음 스코어카드를 업데이트해 자산의 변화를 나타내보자.

자산				부채	
현금				외상매입금	$4.00
				차입금	$50.00
외상매출금				총부채	$54.00
재고자산 원재료				자본	
제품				초기 투자	$5.00
				이익잉여금	$10.00
				현재까지의 주간 순이익	$0.00
				총자본	$15.00
자산총계				부채 및 자본총계	$69.00

균형이 맞는가? 아니다.

무엇을 표시해야 하는가?

이번 주 이익Profit 또는 순이익Earnings을 기록해야 한다.

총매출액은 얼마였는가? 30달러

우리에게는 현금 매출 20달러와 외상 매출 10달러가 있다.

레모네이드의 원가는 얼마였나? 13달러

따라서 레모네이드를 만드는 데 13달러가 들었고, 우리가 그것을 30달러에 팔았다면 매출에서 발생한 이익 또는 순이익은 얼마인가? 17달러

우리의 이익 또는 순이익을 기록하자.

자산		부채	
현금	$64.00	외상매입금	$4.00
		차입금	$50.00
외상매출금	$10.00	총부채	$54.00
재고자산 원재료 $12	$12.00	자본	
제품 $0		초기 투자	$5.00
		이익잉여금	$10.00
		현재까지의 주간 순이익	
		총자본	
자산총계	$86.00	부채 및 자본총계	

균형이 맞는가? 그렇다.

잘했다. 기쁘다. 하이파이브를 하자. 멋진 음악이 담긴 CD를 넣거나 MP3 플레이어를 켜고 음악에 맞춰 춤도 추어보자.

유감스럽게도, 인생에서와 마찬가지로 사업에서도 좋은 날도 있고 나쁜 날도 있다. 당신이 방에서 춤추기 시작하자마자 전화벨이 울린다.

친구의 전화인데, 그 친구 말이 조나라는 친구가 이사 갔다는 것이다. 엄청나게 목말라하면서 외상으로 레모네이드를 8잔이나 사먹었는데 말이다.

앞뜰로 달려나가 주먹으로 바닥을 내리치며 소리를 지르고 나서야 당신은 그 도망친 나쁜 친구가 빚을 갚지 않을 거라는 결론을 내린다. 그리고 그 명확한 현실을 깨달으며 당신은 그 배신이 당신의 사업과 재무 기록에 악영향을 끼치게 될 거라고 결론 내린다. 그 8잔은 손실인가? 물론이다. 이 손실을 무엇이라고 부르나? 부실채권. 이 부실채권 비용은 4달러다.

이제 어떻게 할 것인가?

정신을 차리긴 했지만, 아직도 믿을 수 없다. 그 친구는 당신에게 돈을 주겠다고 약속했다. 새끼손가락까지 걸었는데, 그것은 아이들이 할 수 있는 최고의 맹세다. 당신은 그 친구가 돈을 갚을 수 있다고 생각했다. 하지만 그 친구는 동네를 떠났다. 세상에, 적어도 그 친구는 목마른 채로 떠나지는 않았겠네. 당신에게 고마워할 것이다!

우리는 손실을 인식해야 하는가? 그렇다. 외상매출금으로 10달러가 있었다. 그런데 그중 4달러가 당신이 어리석게도 한때 믿고 친구라 불렀던 완전히 막돼먹고 쓸모없는 그 족제비 같은 사기꾼이자, 모든 면에서 나쁜 그 아이의 외상매출금이었다. 그 친구는 인생을 감옥에서 끝내거나, 아니면 정치인으로 끝낼 것이다. 둘 다일 수도 있고.

그렇다면 당신은 어떻게 할 것인가? 선택할 수 있는 옵션을 써보자.

채권추심회사를 찾는다.

해결사를 고용한다.

변호사를 고용한다.

부모님께 말씀드린다.

형이나 누나에게 그 친구를 때려달라고 한다.

그 친구가 돈에 쪼들리며 살게 해달라고 주문을 외운다.

대통령에게 이메일을 보내 군대로 보내달라고 한다.

하지만 당신은 사업가다. 기억하는가? 그렇다면 부실채권은 어떻게 인식할까?

외상매출금을 줄인다? 슬프지만 그렇다.

얼마나 줄일까? 4달러 전부

이제 균형이 맞는가? 아니다.

부실채권은 사업을 하면서 발생하는 지출인가? 그렇다.

사업을 하면서 발생하는 지출을 무엇이라 부르는가? 비용

그리고 비용은 항상 무엇을 줄이는가? 순이익

그렇다면 부실채권을 반영해 순이익을 4달러 줄여라.

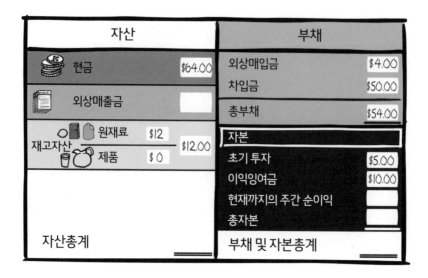

자산				부채	
현금			$64.00	외상매입금	$4.00
				차입금	$50.00
외상매출금				총부채	$54.00
재고자산	원재료	$12	$12.00	**자본**	
	제품	$0		초기 투자	$5.00
				이익잉여금	$10.00
				현재까지의 주간 순이익	
				총자본	
자산총계				부채 및 자본총계	

이제 균형이 맞는가? 그렇다.

어느 재무제표에 부실채권 비용을 기록할까? 맞다. 손익계산서에 기록한다. 얼마나 기록해야 하는가? 4달러(비용)

잠시 숨을 고르자.

부실채권 때문에 정신이 바짝 들어, 당신은 은행 대출금 중 25달러를 갚기로 한다. 은행과 좋은 관계를 유지하고 싶기 때문이다. 당신이 나중에 '부실채권'으로 분류되길 원치 않기 때문이다. 그래서 담배 상자에서 25달러를 꺼낸다.

자전거를 타고 은행에 가서 예전에 만났던 대출 담당자를 찾는다. "여기 대출금 25달러예요. 레모네이드를 정말 잘 팔았고, 이제 대출을 갚고 싶어요. 정말 감사합니다."

당신이 돈을 건네자 은행원의 얼굴이 기뻐 보인다. 하지만 아직 할 일이 남은 것 같다.

"또 다른 일이 남았나요?" 당신이 묻는다.

"이자는 어떻게 할 거니?" 은행원이 대답한다.

"아, 맞다. 엄마와 아빠께서 그것에 대해 말씀하셨던 적이 있어요. 엄마와 아빠께 빌린 돈을 갚았을 때 안아달라고 하셨던 게 기억나요." 한마디 덧붙인다. "안아드릴까요?"

은행원은 포옹을 원하지 않는다. 은행원이 원하는 것은 진짜 이자다.

"이자라… 얼마나 되죠?" 당신이 묻는다.

"2달러." 은행원이 답한다.

"2달러요? 저희 부모님은 이자 대신 안아달라고 하셨는데, 그런데 아저씨는 이자를 달라고 하시네요."

은행원은 천천히 고개를 끄덕인다.

"좋아요." 당신은 한숨을 쉬면서 2달러를 꺼내려고 주머니에 손을 넣는다. "이자를 낼게요. 여긴 현실 세계네요. 아무튼 제 사업에 관심 가져주셔서 감사합니다."

그렇다면 현금은 얼마나 나갔는가? 27달러

오른쪽 차입금에서 27달러를 빼려고 한다. 안 된다.

왜 안 될까?

왜냐하면 25달러는 차입금의 대출 원금이고 2달러는 무엇인가?

이자비용

이자비용을 기록하기 위해 2달러를 오른쪽 어디서 빼야 하는가?

2달러를 현재까지의 주간 순이익에서 뺀다.

그렇다면 이자는 누구와 사업을 하면서 발생하는 비용인가? 은행

그리고 사업을 하면서 발생하는 지출은 무엇을 줄이는 비용인가?

순이익

다음 스코어카드에 이 거래를 표시해보자.

그렇다, 우리는 은행과 사업을 하면서 추가 비용을 약간 지불해야 했다. 손익계산서에는 이 거래의 어떤 부분이 나타나는가?

이자비용 2달러

이자비용은 손익계산서에 나타난다. 하지만 현금을 빌리거나 대출 원금을 상환하는 것은 손익계산서에 나타나지 않는다. 이자는 추가 비용, 즉 은행과 사업을 하면서 발생하는 비용이다. 이 비용은 손익계산서에 나타난다.

이 사실은 반복해야 할 만큼 중요하다. 이자비용은 비용으로써 손익계산서에 표시된다.

마당을 빌려준 이웃이 보도와 잔디밭에 난 아이들의 자전거, 스케이트보드, 롤러블레이드 자국에 신경 쓰기 시작하면서 당신은 현실 세계에 대한 또 다른 교훈을 얻는다. 이웃은 당신의 부모님과 보험 가입에 관해 이야기하자고 한다.

당신의 부모님도 보험을 드는 게 좋겠다고 동의하신다. 당신은 부모님의 차를 타고 보험 사무실에 가기로 했다.

당신은 올세이프 팜All-Safe Farm 보험 사무실로 들어간다. 담당자는 인사하더니 앉기도 전에 탁상 달력부터 준다. 달력에는 노을 진 헛간, 산, 가을 숲, 고양이 같은 컬러 이미지들이 있다. 정확히 당신의 취향은 아니지만 예의 있게 담당자에게 감사하다고 말한다. 하지만 솔직하게는 그 달력을 친구 동생에게 컵받침으로 쓰라고 줄 생각이다.

"자, 무엇을 도와드릴까요?" 담당자가 묻는다.

"제 레모네이드 사업을 위해 보험을 들고 싶어요. 여름에 필요해서요. 올해만 보장되는 보험을 들 수 있을까요?"

담당자는 3년간 보장되는 보험을 드는 게 제일 낫다고 말한다. 그리고 사실 올세이프 팜 보험에는 선불 보험료가 3달러인 3년짜리 보험밖에는 없다고 덧붙인다.

"3년 계약을 위해 미리 보험료를 내야 한다는 뜻인가요? 하지만 내년에는 이 사업을 안 하게 될지도 모르니 저는 1년만 보장되는 보험을 들고 싶은데요. 아무튼 그건 얼마죠?"

"3달러." 담당자가 말한다.

"3년 보험료를 미리 내는 건데 금액이 좀 비싼 것 같아요."

담당자는 그 방법밖에는 없다고 말한다.

"좋아요." 당신은 한숨을 쉬며 주머니에서 3달러를 꺼낸다. "여기 보험료 3달러예요. 레모네이드 가판대에 꼭 들러주세요. 결국 제가 사업거리를 드린 건데, 저한테도 뭔가 주시는 게 공평한 것 같아요."

그래서 당신은 그 담당자에게 얼마를 지불했는가? 3달러

그리고 당신은 무엇을 받았는가? 보험증서

그것은 레모네이드 가판을 위해 특별히 설계된 보험이다. 그리고 공짜로 받은 멋진 탁상 달력도 잊지 말자.

이 보험은 얼마 동안 보장되는가? 3년

당신은 보험에 가입했는데, 그 보험은 가치가 있는가? 그렇다.

당신은 지금 그 보험에 가입했다. 그런가? 그 보험은 지금 당신의 사업을 위해 가입했다. 그래서 그것은 어디에 나타나야 하는가?

재무상태표

재무상태표의 어디에 기입해야 하는가? 자산 항목에.

무엇이 나갔는가? 현금

얼마나 나갔는가? 3달러

그리고 무엇이 들어왔는가? 보험증서

선급으로 지불했는가? 그렇다.

얼마 동안 보장되는가? 3년

그렇다면 연간 얼마인가? 1달러

그 보험료는 당신이 선급으로 지급한 비용이다. 그렇다면 우리는 이 항목을 어떻게 불러야 할까? 선급비용이라고 하면 어떤가?

얼마라고? 3달러

이제 우리에게는 3달러의 선급비용과 보험이 있다.

이 거래들을 기록해보자.

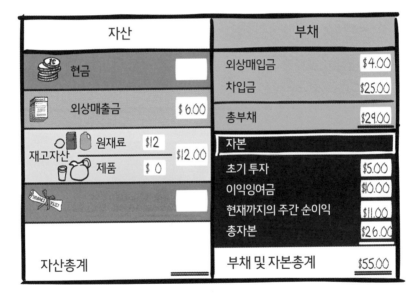

자산			부채	
현금			외상매입금	$4.00
			차입금	$25.00
외상매출금		$6.00	총부채	$29.00
재고자산 { 원재료 $12		$12.00	자본	
제품 $0			초기 투자	$5.00
			이익잉여금	$10.00
			현재까지의 주간 순이익	$11.00
			총자본	$26.00
자산총계			부채 및 자본총계	$55.00

비용에 관해 이야기할 때마다, 우리는 비용이 순이익을 줄인다고 했다. 비용이 자산이 되는 경우는 언제일까? 돈을 미리 지불한 것이 이후 회계기간에서 가치를 가질 때다.

그 보험은 레모네이드 가판만을 위해 설계된 특별한 보험이다. 당신이 보험에 가입한 첫해 무슨 일이 일어날까? 그렇다. 그 보험의 효력이 발생한다. 다시 말해 보험이 사용된다.

그렇다면 스코어카드에 어떻게 반영할 것인가?

첫 해분은 경상비용이다.

우리는 어떻게 해야 하는가? 선급비용에서 1달러를 빼야 한다.

선급비용에서 1달러를 빼라. 올해분의 보험은 사용된다. 그래서 1달러가 나간다.

이제 균형이 맞는가? 아니다.

그렇다면 카드의 오른쪽을 어떻게 해야 할까? 현재까지의 주간 순이익에서 1달러를 뺀다.

이 거래들을 아래에 입력하라.

자산			부채	
현금		$34.00	외상매입금	$4.00
			차입금	$25.00
외상매출금		$6.00	총부채	$29.00
재고자산 원재료	$12	$12.00	자본	
제품	$0		초기 투자	$5.00
선급비용			이익잉여금	$10.00
			현재까지의 주간 순이익	
			총자본	$25.00
자산총계		___	부채 및 자본총계	___

왜 1달러를 순이익에서 빼는가? 그것은 경상비용이기 때문이다.

88

우리는 얼마간의 기간을 보장받기 위해 보험료 3달러를 지급했나?
3년

연간으로 계산하면 얼마인가? 연간 1달러다.

보험 사무실로 다시 가서 레모네이드 사업을 접기로 했다고 말하면, 담당자는 우리에게 얼마를 돌려줄 것인가? 2달러. 그래서 선급비용은 가치가 있으며, 자산으로 분류할 수 있다.

이제 보험은 얼마만큼의 가치가 있는가? 2달러, 맞다.

가치가 있는 때는 언제인가? 2년 차와 3년 차

그 두 해에 대한 보험을 사용했는가? 아니다.

그리고 1달러는 언제 인식하는가? 지금, 경상비용으로.

내년에는 어떨까? 1달러가 또 나간다.

그리고 그다음 해에는? 남아 있는 1달러가 나간다.

사실 우리는 이 부분에서 약간의 자유가 있다. 첫해 전체 비용인 1달러를 한 번에 비용으로 인식했는가? 아니다. 주 단위로 영업하고 있으니 매주 얼마를 인식해야 하는가? 52분의 1, 맞다.

하지만 우리는 그때그때의 혼란스러움을 없애기 위해, 첫해 비용 전체를 한 번에 인식한 것이다. 실제로는 우리가 매달, 혹은 매주 약간씩 비용화하고 있다고 하더라도 말이다.

맞다. 마지막 몇 페이지에서 우리는 아주, 아주, 아주 특별한 회계방식을 적용했다.

어떤 일이 일어났을 때 그것을 모두 인식한 것이다. 무엇의 지출 여부 또는 수취 여부와 관련 없이 인식 했는가? 현금 어떤 일이 일어날 때 모두 그것을 인식한다. 그렇다. 회계사들이 사용하는 말로, 어떤 일이 발생할 때 말이다.

이러한 회계방식을 무엇이라 부르는지 아는가? 발생주의 회계방식

맞다. 발생주의 회계방식이다. 우리는 어떤 일이 일어났을 때 그것을 모두 인식했다. 무엇의 지출 여부 또는 수취 여부와 관련 없이? 현금

발생주의 회계방식은 사람들이 현금을 바로 지급하지 않게 되면서 시작됐다. 사업적 약속이나 합의는 있었지만, 현금은 나중에 결제했다. 발생주의 회계방식을 적용하면, 현금이 결제되기 전에 회사의 재무상태를 정확히 측정할 수 있다.

더 자세히 살펴보자.

외상매출금에 대해 현금을 받았는가? 아니다.

친구들에게 레모네이드를 팔았는가? 그렇다.

그것을 매출로 인식하는가? 그렇다.

현재 시점에서 그것은 가치가 있는가? 그렇다.

당신은 돈을 벌었는가? 그렇다.

단지 무엇을 못 받았을 뿐이라고? 현금

발생주의 방식에서는 매출은 현금을 받은 때가 아니라, 언제 인식하는가? 돈을 벌 때

재고는 어떤가?

우리는 설탕을 받았나? 그렇다.

설탕을 사고, 현금을 지급했나? 아니다.

우리는 어떻게 했는가? 외상으로 샀다.

매입이 발생했는가? 그렇다.

식료품점 주인인 파커 아저씨에게 빚을 졌는가? 그렇다.

당신이 빚졌다는 것을 기록했는가? 그렇다.

발생주의 회계방식에서는 우리가 매입을 인식하는 시점은 돈을 지급하는 때가 아닌, 매입이 일어난 때, 즉 이 경우에는 외상으로 매입하는 때다.

선급비용도 살펴보자.

보험료로 얼마나 지불했는가? 현금 3달러

우리는 올해 3달러어치의 보험을 사용했는가? 아니다.

올해 발생한 보험은 얼마나 되는가? 즉 올해 우리가 실제로 사용한 보험은 얼마나 되는가? 1달러

그렇다. 1달러어치의 보험만 사용했다. 우리는 보험이 발생하거나 보험을 사용할 때 그것을 인식한다.

그렇다면 발생주의 회계방식에서, 우리는 언제 모두 인식하는가?

돈을 벌 때

또는 언제? 빚질 때

또는 언제? 어떤 것을 사용할 때

당신은 발생했을 때 또는 일어났을 때 모든 것을 인식한다.

이 회계방식을 무엇이라고 부르는가? 발생주의 회계방식

그리고 발생주의 회계방식에서 당신은 모든 것을 언제 인식하는가?

그것이 일어났을 때

무엇을 내거나 받거나 상관없이 인식하는가? 현금

다시 한번, 발생주의에서 당신은 거래를 언제 인식하는가? 돈을 벌거나, 빚을 지거나, 어떤 것을 사용할 때

멋지다! 우리 스코어카드의 스냅 사진을 찍어보자. 동영상도 찍어보자. 이제 레모네이드 사업의 두 번째 주가 끝났다.

다음은 최종 재무상태표다.

자산		부채	
현금	$34.00	외상매입금	$4.00
		차입금	$25.00
외상매출금	$6.00	총부채	$29.00
재고자산 원재료 $12 제품 $0	$12.00	**자본**	
		초기 투자	$5.00
선급비용	$2.00	이익잉여금	$10.00
		현재까지의 주간 순이익	$10.00
		총자본	$25.00
자산총계	$54.00	**부채 및 자본총계**	$54.00

이제 당신은 발생주의 회계방식을 적용해, 97페이지 손익계산서를 완성하게 될 것이다. 하지만 우선, 더 많은 정보가 필요하다.

한번에 다 입력할 수 있도록, 손익계산서를 완성하기 위한 이번 주 매입, 매출, 비용 정보를 정리해두었다.

1. 레모네이드 사업에서 성공적인 1주 차를 보낸 뒤, 당신은 은행에 가기로 한다. 당신은 은행원에게 재무제표를 보여주고, 은행은 당신에게 현금 50달러를 대출해준다.

2. 당신은 오후에 쉬기로 하고, 남은 재고를 친구에게 원가인 2달러에 현금으로 판다. 당신의 매출은 비용과 같은 2달러다.

3. 재고가 0으로 줄면서, 당신은 식료품점에서 파운드당 40센트에 설탕 10파운드(총 4달러)를 외상으로 산다.

4. 당신은 레몬 100개를 개당 20센트에 사고, 현금으로 20달러를 지급한다.

5. 당신은 레모네이드 한 통(레몬 50개+설탕 5파운드=60잔)을 만든다. 동시에 레모네이드를 만드는 데 든 노동비로 1달러를 지급한다. 생산원가는 13달러다.

6. 레모네이드가 잘 팔린다. 잔당 50센트 가격으로 60잔을 모두 판다. 40잔은 현금으로, 20잔은 외상으로 판다. 매출은 30달러이고, 그중 20달러는 현금, 10달러는 외상매출금이다.

7. 8잔을 사마신 고객 한 명이 마을을 떠난다. 당신은 그 고객이 빚을 갚지 않을 거라고 결론 내린다. 부실채권 비용은 4달러다.

8. 당신은 대출 25달러를 상환한다. 또한 이자비용으로 2달러를 낸다.

9. 계약기간이 3년인 보험의 보험료로 3달러를 지급한다. 올해의 보험비용으로 1달러를 반영한다.

각 정보에 대해 다음 세 가지 질문을 던지며, 1에서 9까지 살펴보자.

이것은 매출인가?
이것은 매입인가?
이것은 비용인가?

이 질문들에 대한 답은 손익계산서를 완성하는 데 도움이 될 것이다.

당신이 손익계산서에 채워야 할 항목이 있다. 이 항목은 재무상태표에서 찾을 수 없고, 우리가 살펴본 거래 리스트에서도 발견할 수 없다. 이 항목이 무엇인지 아는가? 기초 재고다.

이제 이 최신 재무상태표는 언제에 대한 재무상태표인가?

그렇다. 두 번째 주에 대한 재무상태표다.

이 재무제표는 기초 재무상태표가 아니다. 이것은 무엇인가?

기말 재무상태표, 그렇다.

이 두 번째 주 마지막에 우리가 남긴 재고는 무엇인가? 기말 재고

중요하니까 잠시 더 살펴보자.

우리는 기말 재고를 얼마나 남기고 두 번째 주를 끝냈나? 12달러어치

그렇다면 우리는 세 번째 주의 기초 재고가 얼마나 될지 아는가?

그렇다. 12달러.

기말 재고는 항상 그다음 주의 기초 재고가 되기 때문이다.

두 번째 주의 기초 재고는 알기 쉬운가? 어디서 찾을 수 있는가?

첫 번째 주의 기말 재고다.

편의를 위해 다음 첫 번째 주의 재무상태표를 보자.

첫 번째 주 기말 재무상태표

자산		부채	
💰 현금	$13.00	차입금	$0.00
		총부채	$0.00
🥫🍶🥤🍊 재고자산	$2.00	**자본**	
		초기 투자	$5.00
		이익잉여금	$10.00
		현재까지의 주간 순이익	$0.00
		총자본	$15.00
자산총계	$15.00	부채 및 자본총계	$15.00

두 번째 주의 기초 재고는 얼마인가? 2달러

그리고 그 2달러는 어느 항목에서 찾을 수 있나? 지난주 기말 재무상태표의 기말 재고

그래서 당신은 항상 이번 주의 기초 재고를 찾기 위해 지난주의 기말 재무상태표를 본다.

다시 한번 더. 기말 재고는 자동으로 무엇이 되는가? 그다음 주의 기초 재고

좋다. 이제 당신은 두 번째 주를 마무리하고 있다. 두 번째 주의 기말 재고를 어디서 찾을 수 있는가? 두 번째 주의 기말 재무상태표에서.

맞았다. 좋다. 다음은 그 기말 재무상태표다.

두 번째 주 기말 재무상태표

자산		부채	
현금	$34.00	외상매입금	$4.00
		차입금	$25.00
외상매출금	$6.00	총부채	$29.00
재고자산 원재료 $12	$12.00	자본	
제품 $0		초기 투자	$5.00
선급비용	$2.00	이익잉여금	$10.00
		현재까지의 주간 순이익	$10.00
		총자본	$25.00
자산총계	$54.00	부채 및 자본총계	$54.00

재무상태표를 훑어보자.

자산은 얼마인가? 자산＝54달러

부채와 자본의 합은 얼마인가? 부채＋자본＝54달러

왼쪽과 오른쪽이 같은가? 그렇다.

왼쪽은 항상, 언제나 어디와 같은가? 오른쪽

잘했다.

이제 손익계산서를 완성해보자. 재무상태표와 손익계산서에서 어떤 숫자가 일치하는지 기억하는가? 순이익Net profit은 현재까지의 주간 순이익과 같아야 한다. 우리는 순이익이 10달러여야 한다는 사실을 알고 있다. 그렇지 않다면 실수하게 될 것이다.

발생주의 손익계산서

손익계산서		시작: 월요일 오전. 끝: 일요일 오후	$ _____
매출액			
기초 재고자산	$ _____		
+ 매입	_____		
+ 노동비			
총 판매 가능 재고자산		$ _____	
- 기말 재고자산		_____	
= 매출원가			_____
매출총이익 =			_____
비용			
• _____			
• _____			
• _____			
= 총비용			_____
순이익(매출총이익-비용)			$ _____

총매출액은 얼마인가? 총매출액=32달러

운 좋게 당신은 처음으로 총매출액 30달러를 얻었다. 그렇다면 나머지 2달러는 어디서 왔는가? 그렇다. 친구에게 원가로 넘긴 매출이다.

당신이 발생주의에 관해 더 잘 이해할 수 있도록 모든 현금 및 비현금 항목을 살펴보자.

한번 검토해보자.

우선, 우리에게는 매출 2달러가 있었다. 그것은 현금인가? 그렇다.

그리고 매출 30달러가 있었다. 현금은 얼마였는가? 20달러

그렇다면 10달러는 무엇이었는가? 외상 매출

기초 재고는 얼마였는가? 2달러

현금이었나? 아니다. 레모네이드였다.

매입은 얼마나 했는가? 24달러

현금으로 얼마나 샀는가? 20달러

그러면 4달러는 무엇인가? 외상매입금

그리고 노동비는 얼마였는가? 1달러

노동비는 현금으로 지급했는가? 그렇다.

그렇다면 판매 가능한 기초 재고+매입+노동비는 얼마인가? 27달러

그리고 그 재고를 모두 다 사용했는가? 아니다.

기말 재고는 얼마인가? 12달러

그 값을 판매 가능한 재고에서 뺀다면, 매출원가는 얼마인가? 15달러

우리는 15달러어치의 제품을 32달러에 팔았는데, 그렇다면 매출총이익으로는 얼마나 남았는가? 17달러

이번 주에 발생한 비용은 무엇인가? 부실채권, 이자, 보험료

부실채권은 얼마인가? 4달러

그것을 현금으로 지급했는가? 아니다.

이자비용은 얼마인가? 2달러

그리고 그것을 현금으로 지급했는가? 그렇다.

마지막으로, 보험료는 얼마인가? 1달러. 이것은 우리가 무슨 회계방식을 적용하고 있기 때문인가? 발생주의 회계방식

하지만 우리는 현금을 지급했는가? 그렇다.

그렇다면 총비용은 얼마인가? 7달러

매출총이익이 17달러이고 비용이 7달러라면, 순이익은 얼마인가? 10달러

그리고 이것은 재무상태표의 순이익과 일치하는가? 그렇다.

손익계산서에서 10달러(순이익)가 나왔고, 재무상태표에서도 10달러 (현재까지 주간 순이익)가 나왔다면, 당신에게 최우수상을 주자.

이제 당신이 인쇄한 손익계산서에서 매출액 항목의 32라는 숫자와 바로 옆 달러 표시를 보았다고 하자. 일차원적인 왼쪽 뇌는 이 모든 매출이 무엇이라고 생각할까? 현금

하지만 이 32달러가 모두 현금인가? 아니다.

그중 일부는 무엇인가? 외상매출금

하지만 우리는 32달러어치의 무엇으로 인식하는가? 매출액

하지만 그것은 모두 현금인가? 아니다.

매출액에는 현금과 현금이 아닌 것들이 섞여 있다. 결과적으로 매출액에는 현금 및 비현금 가치가 같이 존재하는 것이다.

당신이 매출 장부를 다시 살펴보지 않고, 외상매출과 현금매출이 얼마인지 살펴보지 않는다면, 총매출액 32달러 중 어느 정도가 현금 매출이고, 어느 정도가 외상매출금인지 알 수 없다.

만약 32달러라는 숫자를 그냥 보기만 한다면, 현금매출이 어느 정도이고 비현금매출이 어느 정도인지 알 수 없다.

이제 기초 재고를 살펴보자. 재고는 현금인가? 아니다.

우리에게는 2달러어치의 레모네이드가 있었다.

일부는 현금으로 지급했고, 일부는 외상으로 샀다는 사실을 알고 있다. 현금으로 지급한 것은 얼마만큼인가? 20달러. 그렇다면 외상은 얼마인가? 4달러. 하지만 당신의 좌뇌는 매입 항목에서 24달러라는 숫자를 보았을 때, 그 금액을 모두 어떻게 지급했다고 생각할까? 현금으로.

하지만 당신은 그렇게 했는가? 아니다.

다음으로 넘어가, 당신은 노동의 대가로 현금 1달러를 지급했다. 만약 당신이 15달러라는 매출원가 항목을 보고 있다면, 당신은 현금으로 지급한 부분이 얼마나 되는지 알 수 있을까? 그리고 당신이 외상으로 매입한 것은 얼마나 될까? 잊어라. 나는 지난밤 저녁 메뉴도 거의 기억나지 않는다.

게다가 이 매출원가는 어디에만 관련되어 있는가?

레모네이드를 만드는 데만.

그렇다면 매출원가 15달러는 당신이 판 레모네이드를 만든 레몬, 설탕, 노동의 원가다.

그리고 32달러에서 15달러를 빼면 17달러라는 매출총이익이 나온다.

이제 비용들을 살펴보자.

우리가 현금을 지급하지 않은 비용은 무엇인가? 부실채권

그것은 현금이 아니다. 우리가 현금으로 지불한 것은 무엇인가? 이자와 보험료(하지만 유리잔 렌털, 장소 대여, 광고(두 번째 주)는 비용화하지 않는다. 왜냐하면 그 비용들은 지난주에 발생했기 때문이다.)

그렇다면 총비용 7달러를 보면서 (당신이 재무제표에서 총비용 7달러를 보고 있다면) 일차원적인 왼쪽 뇌는 또 한 번 잘 알지도 못하면서 당신이 모

든 비용을 어떻게 지급했다고 생각하는가? 현금으로.

하지만 당신은 그렇게 했는가? 절대 아니다. 결과적으로 이 7달러에는 현금비용과 비현금비용이 혼합되어 있다.

발생주의 회계방식을 이해하기 위해 여기서 다루는 재무제표가 '현금 이외의 거래도 포함한' 손익계산서라는 사실이 중요하다. 현금과 비현금 항목이 섞여 있기 때문이다. 당신은 현금이 오고 간 일과 현금 없이 발생한 일을 알 수 있는가? 우리가 비범한 기억력을 가졌거나 모든 것을 기록하지 않았다면 알 수 없다.

당신은 이 재무제표를 비현금 재무제표$^{Non-cash-statement}$ 혹은 현금 외의 거래도 포함한 재무제표$^{Not-only-cash\ statement}$로 생각해야 한다. 이것은 회계 용어가 아니지만 회계에 관해 잘 모르는 사람이 발생주의 회계방식을 기억하는 한 방법이다.

이제 재무상태표를 다시 살펴보자. 우리의 모든 자산이 현금인가? 아니다. 일반적으로 그 밖의 자산은 무엇인가? 외상매출금, 재고자산, 선급비용 같은 비현금 자산이다.

총자산은 얼마인가? 54달러. 여기에는 현금 가치와 비현금 가치가 같이 있다.

하지만 우리의 일차원적인 좌뇌는 이 총자산 54달러를 보고 무엇이라고 생각할 수 있는가? 현금

하지만 사실은 어떠한가? 현금과 현금이 아닌 것들이 섞여 있다.

그렇다면 발생주의 회계방식에서 우리는 어떤 일이 발생했을 때 그것

을 모두 기록한다. 우리가 돈을 지급하거나 받는 것과 관계없이 말이다. 현금과 비현금 항목이 혼합되어 있으므로 우리는 그것을 무엇이라고 부르는가? 현금 외의 거래도 포함한 방식. 발생주의 회계방식에서는 현금과 비현금 항목이 혼합되어 있다.

당신은 아마 이런 말을 들었을 것이다. "창의적 회계 기법을 적용하고 있다." 당신은 이 말이 어떤 사람이 수상하거나 불법적인 행위를 하고 있다는 뜻으로 생각했을 수도 있다. 하지만 창의적 회계에는 적법하고 합법적인 것들도 있다. 우리는 이제 그중 하나를 살펴볼 것이다.

발생주의 회계방식은 순이익을 파악하는 유일한 방식은 아니다. 다른 방식을 뭐라고 부르는지 한 번 답해볼까? 현금주의 회계방식

이제 다시 돌아가 현금주의 회계방식을 적용해 두 번째 주의 재무제표를 살펴보자. 우리는 사안들을 아주 다르게 볼 필요가 있다. 그러면 우리는 현금주의와 발생주의 회계방식을 비교할 수 있다.

어떤 사람들은 사안들을 기억하기 위한 물리적 방법을 원할 수도 있다. 그렇다면 다음 문장을 영원히 기억하기 위해 손가락에 녹색(현금) 실을 묶고 다음 문장을 따라 해보자(옛날에는 어떤 일을 기억하기 위해 손가락에 실을 묶는 관습이 있었다. - 역자 주).

현금은 현금이고, 현금이다!

이제 녹색 실을 다른 쪽 손가락에 묶고 다시 한번 되풀이하자.

현금은 현금이고, 현금이다!

현금주의 회계방식에서 당신은 어떤 때에만 사안들을 인식하는가? 현금이 나가거나 들어올 때

따라서 현금주의 회계방식에서는 현금에 변동이 있는 사안들만 인식된다. 발생주의 회계방식에서는 돈을 벌거나 빌리거나 사용할 때 모든 것이 인식된다는 것을 기억하라.

현금주의 회계방식에서 당신은 무엇을 받을 때 사안을 인식하는가? 현금. 그리고 무엇을 지급할 때 인식하는가? 현금

현금주의 회계방식은 현금의 지급 및 수령과는 상관없이 모든 것을 기록하는 발생주의 회계방식과는 분명히 다르다. 따라서 결과도 아주 다를 것이라고 예상할 수 있다.

좋다. 우리는 어떤 회계방식을 온종일 적용했는가?

발생주의 회계방식

하지만 이제 우리는 현금주의와 발생주의 회계방식을 대조하기 위해 현금주의 손익계산서를 만들어볼 것이다. 다음 현금주의 손익계산서를 완성할 때 97페이지의 발생주의 손익계산서를 참조해야 할 수도 있다.

손익계산서	시작: 월요일 오전. 끝: 일요일 오후			$	
매출액					
기초 재고자산		$			
+ 매입					
+ 노동비					
총 판매 가능 재고자산			$		
− 기말 재고자산					
= 매출원가					
매출총이익 =					
비용					
•					
•					
= 총비용					
순이익 (매출총이익−비용)				$	

매출액에서 시작해보자. 현금주의 회계방식에서는 총매출액이 어떻게 될까?

총매출액은 22달러

왜 22달러밖에 안 될까? 외상매출금이 나타나지 않기 때문이다. 발생주의에서는 32달러였다.

밑으로 내려가. 기초 재고는 현금인가? 아니다. 따라서 거기에는 아무것도 없다.

그리고 노동비로 지급한 현금은 얼마인가? 1달러

현금주의 방식에서 매출원가는 어떻게 되는가? 21달러, 맞다.

현금으로 지급한 것만 매출원가로 인식되기 때문이다.

심지어는 어떤 것도 인식하지 않았는가? 설탕. 이유는? 외상으로 매입했기 때문이다.

설탕은 외상으로 매입했기 때문에 인식되지 않는다. 무엇을 지급하지

않았기 때문인가? 현금

결국 매출이 22달러이고 매출원가가 21달러라면 매출총이익은 얼마인가? 1달러. 이럴 수가! 시시하게 1달러를 벌려고 그렇게 힘들게 일했다니. 정말 운 좋은 친구들은 캠프에 보내달라고 부모님을 졸랐을 텐데 말이다.

비용도 살펴보자.

재무제표에 부실채권은 있는가? 없다.

무엇이 아니기 때문인가? 현금

이자는 있는가? 있다. 2달러다. 현금으로 냈기 때문이다.

보험료는 어떤가? 있다. 좋다. 그런데 1달러인가, 3달러인가?

당신이 현금으로 낸 것은 총 얼마인가? 3달러

맞다. 올해 그 3달러를 모두 비용화할 수 있는가? 당신이 무엇으로 지급했기 때문인가? 현금

그래서 3년간의 보험료 3달러를 올해의 비용으로 모두 인식할 것이다. 우리는 보험료를 현금으로 미리 지급했다. 따라서 우리는 3년간의 모든 비용을 지금 인식할 것이다.

총비용은 5달러다. 만약 매출총이익이 1달러이고, 비용이 5달러라면 순이익은 얼마인가? 마이너스 4달러. 이런! 경영이 악화되고 있다.

두 손익계산서를 살펴보자.

우리는 두 가지 회계방식을 적용했다. 서로 다른 결과를 얻었는가? 그

렇다. 발생주의 회계방식에서는 순이익이 10달러였고, 현금주의 회계방식에서는 손실이 4달러였다.

여기서 당신은 사업에서는 어떤 사안을 인식할 때 창의력을 발휘할 기회가 있다는 것을 알 수 있다. 당신은 어떤 회계방식을 적용하고 싶은가? 발생주의 회계방식

발생주의라, 그 이유는 무엇인가? 은행이나 투자자에게 보여주기에 더 나은 것 같다. 왜냐하면 이익이 더 많기 때문이다.

발생주의 회계방식을 적용하는 다른 이유가 있을까? 더 정확하다. 발생한 모든 것이 인식된다.

현금주의 회계방식은 왜 사용되는가? 세금 때문이다.

이런, 손실이 4달러면 당신은 세금을 내야 할까? 아니다. 사실 환급을 받을 것이다.

당신의 레모네이드 사업에 현금주의 회계방식을 적용할 수 있을까? 좋은 질문이다!

현금주의 방식을 적용할 수 있는 사업도 있지만, 그렇지 않은 사업도 있다. 재무상태표에는 당신이 현금주의 회계방식을 적용할 수 있는지를 결정하는 항목이 있다.

그것은 무엇인가? 재고

맞다. 재고가 있는 사업에서는 어떤 방식만 적용해야 하는가?

발생주의 회계방식

레모네이드 사업에는 재고가 있는가? 그렇다. 그렇다면 어떤 방식을 적용해야 하는가? 발생주의 회계방식

재고가 있는 회사가 현금주의 방식을 적용할 수 없는 이유를 알아보자.

매년 말, 사업에서 이익이 나서 세금을 내야 한다면, 외부에서 많은 재고를 매입하고, 그 값을 현금으로 지급한 뒤 그것을 모두 매출원가에 계상해 이익을 줄여 결과적으로 세금을 하나도 내지 않을 수도 있다.

정부에서 이런 행위를 좋아할 것이라고 생각하는가? 우리가 재고를 판매하는 사업을 하고 있는데 정부에서 우리가 현금주의 회계방식을 적용하게 허용할까? 천만의 말씀이다.

어떤 사업에서 현금주의 회계방식을 적용할 수 있는가? 의사, 변호사, 회계사, 세미나 회사, 컨설턴트, 부동산 회사, 청소 회사 같은 서비스 사업이다.

결정적 요소는 무엇인가? 재고

결과적으로 우리 레모네이드 가판 사업에 대해서는 국세청에 현금주의 회계방식으로 보고할 수 없다는 것인가? 유감이지만, 법이 그렇다.

우리는 어떤 회계방식으로 보고해야 할까? 발생주의 회계방식

우리에게는 무엇이 있기 때문인가? 재고

그런데 우리가 서비스를 제공하고 있다면 국세청은 당신이 어떤 회계방식을 적용해도 좋다고 하는가? 현금주의 회계방식

하지만 판매를 위한 재고가 있는 제조업, 소매업, 도매업에 종사하는 우리는 무슨 방식을 적용해야 하는가? 발생주의 회계방식

조금 더 깊게 들어가 보자. 우리가 현금주의 회계방식을 적용한다면

내년에는 어떤 일이 일어날까? 현금주의 회계방식에서 우리는 올해 보험료로 3달러를 인식할 것이다.

내년에도 보험료를 비용으로 인식할까? 아니다. 그러면 어떻게 될까? 우리의 이익이 늘어날 것이다.

현금주의 회계방식을 적용할 수 있는 서비스 사업에서는 지금 할 수 있는 한 큰 비용을 인식해 무엇을 줄일 수 있는가? 세금. 맞다!

줄어들었던 세금은 언제 다시 늘어날까? 다음 해

세금을 피하는 것이 아니다. 그렇다면? 연기하는 것이다.

이런 말을 들은 적 있는가? '이연된 세금은 줄어든 세금이다.' 이론상 당신이 올해 세금을 이연했다면 나중에 세금을 내야 할 때 그 세금은 어떻게 될까? 사실상 줄어든다, 즉 인플레이션으로 가치가 하락한다. 그리고 세금 이연으로 절약된 돈은 누가 사용하게 되는가? 바로 당신!

이것은 기법의 문제다. 하지만 당신이 제조업자라면 이 현금주의 회계방식을 적용할 수 있는가? 적용할 수 없다.

어떤 방식이 실상과 수익성을 가장 정확히 반영하는가?

발생주의 회계방식

우리는 레모네이드 사업에서 어떤 방식을 적용하고 있는가?

발생주의 회계방식

서비스 회사는 장부를 두 가지 방식으로 기록할 수 있는가?

놀라지 마시라. 서비스 사업에서는 현금주의 회계방식으로 정부에 보고할 수 있고, 은행이나 투자자에게 보여주기 위해서는 발생주의 회계방식으로 장부를 작성할 수 있다. 두 가지 종류의 장부라니, 은밀해 보인다! 우리도 장부를 두 종류로 작성할 수 있는가? 그렇다. 이런 것을 '창의적 회계'라고 부른다.

연말에는 어떤 일이 발생할까? 장부를 회계사에게 주고, 회계사는 그 장부를 어떻게 할까? 그 장부를 현금주의 회계방식으로 재작성한다. 누구를 위해서? 국세청

많은 회사가 발생주의 기준으로 사업을 운영하고, 세금을 낼 때는 현금주의 기준으로 정부에 제출한다.

회계방식을 바꿀 수 있는가? 이는 창의적인 시도인가? 정부는 현금주의에서 발생주의로 바꾸는 것은 언제든지 허용한다(세금을 더 많이 거두고 싶기 때문이다). 하지만 반대로는 바꿀 수 없다. 따라서 당신이 서비스 회사를 창업해서 현금주의 회계방식을 적용하고 싶다면, 그 방식을 첫해부터 채택해야 한다.

판매할 재고가 있는 서비스 회사는 어떨까? 책도 같이 파는 세미나 회사 같은 곳 말이다.

여기는 사업자와 국세청 간의 의견 불일치가 발생하는 회색지대다. 국세청에서는 이렇게 물을 것이다. "재고를 팔아 이익이 발생하나요?" 만약 대답이 "예"라면 당신은 발생주의 회계방식을 적용해야 한다. 대답이 "아니오"라면 현금주의 회계방식을 적용할 수도 있다. 회색지대에서는 수익을 창출하는 재고가 얼마나 되는지가 중요하다. 대부분 회사는 이와 관련해 공인회계사의 의견을 들으려 하겠지만, 그렇게 어려운 문제는 아니다.

이 장을 끝내기 전에 복습해보자.

발생주의 회계방식에서 당신은 사안들을 언제 인식하는가? 그 사안이 발생했을 때

돈을 벌 때, 그리고 언제인가? 돈을 빌릴 때

그리고 언제인가? 어떤 것을 사용할 때

당신이 무엇을 주거나 받는 것과 상관없는가? 현금

그리고 현금주의 회계방식에서, 현금은 현금이고 현금이다.

당신은 어떤 일에 현금이 수반될 때, 그리고 또 언제 사안들을 인식하는가? 현금을 주거나 받을 때

휴!

아주 잘했다. 다음 부분으로 넘어가기 전에 잠시 쉬자.

5장

레모네이드 사업을 시작한 지 2주밖에 되지 않았지만, 당신의 명성은 이미 널리 퍼졌다.

지역 신문에서는 당신에 관한 기사를 5면에 실었다. 기사에는 당신이 아주 자랑스러운 얼굴로 레모네이드 가판대 옆에 서 있는 사진이 함께 실렸다. 그 기사에는 이 사업이 모두 당신의 아이디어였고, 당신을 아주 자랑스럽게 생각한다는 엄마 아빠의 말씀도 실렸다. 그리고 당신의 레모네이드가 지금까지 마셔본 것 중 최고라는 아이들의 인터뷰도 실렸다. 심지어 그 아이들은 친구도 아니었다.

당신은 이 일로 너무 자만하지 않으려 한다. 세상을 구한 것 같은, 뭔가 엄청나게 중요한 일을 한 건 아니니까. 하지만 레모네이드 사업을 시작하려는 이웃 아이들이 당신의 조언을 듣기 위해 찾아오기 시작한다. 당신은 스스로 묻는다. "이런, 내가 이런 일까지 해야 해?" 당신은 자신의 사업을 생각해야 한다. 그 아이들은 당신과 경쟁하게 될 사업을 당신에게 도와달라고 하고 있다. 당신은 당신의 가판대와 가까운 곳에 사는 이웃과는 절대로 동업하지 않겠다고 결심한다.

하지만 자신들의 사업을 시작하려는 아이들이 도움을 요청하는 전화 벨이 계속 울린다. 수요가 너무 많다. 잘나갈 때일수록 생각을 잘해야 한다. 당신은 그 일까지 하기 위해서는 또 다른 사업을 시작해야 한다는 사실을 깨닫는다. 하지만 당신은 혼자다. 어떻게 레모네이드 가판 사업 과 컨설팅 사업을 둘 다 할 수 있을까? 정말 사업 확장을 원하는가? 컨설 턴트가 되고 싶은가?

결국 당신은 자신부터 컨설팅을 받아야겠다는 생각이 들어 제일 좋아 하는 제인 이모께 조언을 구했다. 제인 이모는 수년간 경영 컨설팅 회사 를 운영했다. 어떻게 하면 두 가지 사업을 동시에 할 수 있을지 이모께 여쭤볼 생각이다. 이모는 당신이 친구 몇 명을 고용해 가판 운영을 맡기 는 동시에, 당신이 그 친구들을 컨설턴트로 키울 수 있을 거라고 조언해 주셨다. 당신은 또 질문한다.

"컨설팅 회사의 재무 기록을 레모네이드 가판의 재무제표에 더해야 할까요? 아니면 사업을 서로 분리해야 할까요?"

이모는 두 가지 모두 가능하다고 말씀하셨다. 하지만 컨설팅은 다른 유형의 사업이라는 사실을 명심하라고 하신다. 컨설팅은 서비스 사업이 다. 당신은 우리가 지난 장에서 배운 내용을 바로 떠올린다. 서비스 사 업에는 재고가 없으며, 국세청 보고용으로 현금주의 회계방식을 적용하 여 절세할 수 있다는 사실이다. 당신은 그것이야말로 당신을 위한 사업 이라고 생각하고 바로 두 번째 사업, 즉 더 리얼 굿 레모네이드 컨설팅 컴퍼니The Real Good Lemonade Consulting Company를 시작하기로 한다.

그리고 이모에게 컨설팅 서비스에 대한 가격을 어떻게 매겨야 할지 묻는다. 이모는 청구가능시간Billable hours에 대해 설명하셨지만, 당신은 "뭐라고요?" 하고 되물어야 했다. 이모는 서비스 사업에서는 시간을 관리하고 최적화하는 게 제일 중요하다고 말씀하셨다. 레모네이드 가판 사업에서 당신은 원재료, 제품 그리고 시간을 관리해야 했다. 하지만 컨설턴트가 가진 재고는 시간뿐이다. 결국 이 말은 고객에게 청구할 수 있는 어떤 일을 하고 있지 않다면 돈을 벌 수 없다는 뜻이다. 당신은 시간당혹은 일당 청구 금액을 생각해야 한다.

당신은 서비스 사업에서는 재무상태표와 손익계산서가 다르냐고 물었다. 이모는 레모네이드 가판 사업의 재무상태표를 보여달라고 하셨다. 이모는 당신이 표를 너무 잘 정리해놓아 놀라셨다. 특히 개별 항목들을 이해하기 위해 색깔을 활용한 혁신에 놀라워하셨다.

이모는 레모네이드 가판 사업의 재무상태표에는 있지만, 서비스 회사의 재무상태표에서는 보이지 않을 아이템이 무엇인지 물으신다. "재고요." 당신은 답한다. (당신은 쉬운 질문을 좋아한다!) 당신이 발생주의 회계방식을 적용하고 있다면 그것이 유일한 차이점이다. 이모는 손익계산서는 또 다르다고 말씀하신다. 원가에서 뺄 기말 재고가 없으므로 서비스 회사에는 정말로 매출과 비용만 있다고 설명하신다. 그러므로 당신은 손익계산서를 더 쉽게 만들 수 있다. 더 궁금해진 당신은 이렇게 질문한다.

"이모, 서비스 회사는 일상적 사업 운영을 위한 간접비를 직접비와 구분하고 싶어 하지 않을까요?"

이모는 당신의 영리함에 깜짝 놀라신다. 이모는 나중에 당신을 고용하겠다고 약속하셨다.

이모는 실제로 대부분의 서비스 회사가 비용을 두 개의 카테고리로 나눈다고 말씀하셨다. 바로 서비스 원가와 비용이다. 서비스 원가는 서비스 제공과 직접적으로 관련된 비용이다. 비용이란 레모네이드 가판에서와 마찬가지로 모든 간접비, 즉 사업 운영에 필요한 비용을 말한다.

서비스 회사의 손익계산서 구성은 다음과 같다.

매출액

− 서비스 원가

───────────

= 매출총이익

− 비용

───────────

= 순이익

이 책을 읽는 많은 사람이 서비스 회사에서 일하고 있거나, 서비스 사업부도 있고 재고도 있는 기업에서 일할 것이다. 이 장의 목적은 당신이 서비스 회사의 업무와 회계에 관해 더 깊이 이해하고, 서비스 원가(이것을 매출원가Cost of sales라고 부르는 사람도 있다)와 비용을 구분하는 훈련 기회를 제공하는 것이다. 우리는 다음 장에서 다시 레모네이드 가판 사업으로 돌아갈 것이다. 이 장에서 다루는 서비스 사업에 관한 내용과 당신

의 레모네이드 가판 사업을 혼동하지 말기 바란다. 여기서 나온 숫자들은 우리가 이전에 다뤘던 내용에 영향을 미치지 않을 것이다. 서로 완전히 다르다.

두 유형 회사의 재무상태표가 동일하기 때문에(재고를 제외하고), 우리는 이 장에서는 재무상태표에는 초점을 맞추지 않을 것이다.

이제 몇 달 후로 이동했다고 가정해보자. 당신은 사업의 핵심역량을 신속하게 배워 당신이 레모네이드 가판 사업에서 손 떼는 것을 도울 친구 두 명을 고용했다.

지역 신문에 기사가 나고 입소문이 퍼지면서, 당신의 새 컨설팅 사업과 두 직원은 바빠진다. 이러한 반응에 고무되어 당신은 컨설팅 사업 광고를 진행한다. 남동생인 마이클이 참여하고 싶다고 해서, 당신은 동생이 사업으로 연결한 모든 계약에 대해 판매 수수료로 1달러씩 주기로 약속한다.

좋다, 컨설팅을 시작하자.

열심히 고객을 찾다가, 마이클은 수 고모와 에릭 고모부께 신문 기사를 보낸다. 고모의 딸인 사촌 아만다와 로라가 당신과 똑같은 레모네이드 가판 사업을 시작하고 싶어 한다. 수 고모는 그런 모습이 우습다고 생각하시는데, 아만다가 동생인 로라가 항상 자신을 따라 한다고 불평하기 때문이다. 이모는 아이들과 당신을 돕고 싶어 하신다. 누가 알겠는가? 그런 과정을 통해서 모두가 중요한 교훈을 얻을 수도 있다.

당신은 수 고모에게 두 컨설턴트를 파견해 사흘 동안 컨설팅을 한다.

컨설턴트는 1인당 하루 8달러를 받는데, 여기에는 교통비가 포함되어 있다. 고모 가족은 30마일(약 48km – 역자 주) 떨어진 이웃 마을에 살고 있어 두 컨설턴트는 그 지역 호텔에서 이틀간 묵어야 한다. 운 좋게도 직원들의 부모님이 동행하셔서 호텔비까지 내주셨다. 교통비는 6달러(자동차 유류비)다. 그리고 당신은 컨설턴트가 고객과 일할 때 그 컨설턴트에게 하루 2달러씩 준다.

동생 마이클은 계약 업무 및 기타 관리 업무를 하기로 동의한다. 당신은 동생에게 주당 2달러를 준다. 또한 이 일은 마이클이 땄기 때문에, 동생에게 판매 수수료로 1달러를 준다.

뉴스 기사의 반응이 아주 좋아, 당신은 다음 판 신문에도 광고를 계속하기로 한다. 새로운 사업을 광고하는 데는 4달러가 든다.

두 컨설턴트는 월요일, 화요일, 수요일에 고객(당신의 사촌)과 일한다. 컨설턴트들은 레모네이드를 만드는 법을 보여주기 위해 2달러어치의 레몬과 1달러어치의 설탕을 가지고 간다. 사촌들이 당신의 놀랍고, 대단하며, 정말 맛있는 비밀 레시피를 배우겠다고 할 때를 대비해서 말이다. (맥도날드도 프랜차이즈 사업을 하는데, 당신이라고 못할 이유가 있는가?)

목요일에는 집에서 모두 모여, 리얼 굿 레모네이드 컨설팅 컴퍼니를 위한 새로운 컨설팅 상품을 개발하기 위해 온종일 일한다. 그것은 '부끄러워 말고, 사게 만들어라!'는 내성적인 아이들을 위한 리더십 코스다.

당신은 컨설턴트들이 사무실에서 일할 때는 하루 1.5달러만 지급한다. 금요일에는 사무실(당신의 지하실 놀이방)에서 일반적인 관리 업무를 본다.

이제 시간이 되었다. 이러한 거래를 반영해서 리얼 굿 레모네이드 컨설팅 컴퍼니에 대한 손익계산서를 완성해보자. 당신의 주 업무는 어떤 아이템이 서비스 원가이고, 어떤 아이템이 비용인지 결정하는 것이다.

기억하라. 서비스 원가는 서비스 제공에 직접적으로 관련된 지출이며, 비용은 서비스 제공과 직접적으로는 관련이 없는 지출이다.

리얼 굿 레모네이드 컴퍼니 손익계산서

매출액	
서비스 원가	
매출총이익	
비용	
총비용	
순이익	

좋다, 당신이 한 일을 보자.

고객(수 고모와 에릭 고모부)에게 컨설턴트당 하루 8달러에 3일 동안 컨설팅을 제공했다. 당신은 컨설턴트 두 명을 보냈다. 그래서 총수익은 얼마인가? 48달러

서비스 원가에 넣은 것은 무엇인가? 우선 두 명의 컨설턴트에게 1인당 하루 2달러씩 3일을 지급했으니 12달러(2×2×3=12)다. 그리고 교통비도 있었다(6달러). 또한 컨설턴트들이 레시피를 보여주고 고객에게 주고 온 3달러어치의 제품도 있었다.

그렇다면 서비스 원가는 얼마인가? 21달러

우리의 공식에 따르면, 매출액에서 서비스 원가를 빼면 매출총이익(수입)이 남는데, 그 값은 얼마인가? 27달러

비용에는 어떤 것들이 있는가? 잊지 마라. 비용은 서비스 제공에 직접적으로 관련되어 있지 않은 지출이다.

당신은 마이클에게 수수료를 지급했고(1달러), 신문사에 광고비를 냈다(4달러).

그리고 마이클은 계약 및 기타 관리 업무를 봤다(2달러). 그리고 금요일에는 컨설턴트들(1인당 1.5달러)이 온종일 사무실에서 관리 업무를 본다. (컨설턴트들은 서류작업을 하느라 너무 바쁘다고 주장하지만, 당신이 보기에는 대부분의 시간을 아빠의 컴퓨터로 카드놀이를 하면서 보냈다.)

비용이 하나 더 있다. '부끄러워 말고, 사게 만들어라!'를 개발하는 데 얼마나 들었는가? 연구개발에 3달러가 들었다.

그래서 총비용은 얼마인가? 13달러

이제 거의 끝났다. 마지막으로 총수입에서 비용을 빼면 남는 순수입은 얼마인가? 14달러

이제 몇 가지 궁금한 점이 생길지도 모른다. 우선, 판매 수수료는 어떻게 처리할지 궁금할 것이다. 판매 수수료를 서비스 원가에 포함하려는 사람도 있는데, 수수료가 매출과 관련된 직접비라고 주장한다. 하지만 정말 그것이 서비스 제공과 관련된 원가의 일부인가? 정확히 말하면 그렇지 않다. 따라서 많은 회사가 판매 수수료를 비용에 넣는다. 어떻게 하더라도 회계 기준과 국세청 기준으로 괜찮다. 중요한 점은 보고 방법

에 일관성이 있어야 한다는 것이다.

교통비도 당신이 궁금해하는 부분일 것이다. 교통비는 서비스 원가에 포함하는데, 계약에 따른 서비스를 제공하는 데 관련되어 있기 때문이다. 대부분 실제 컨설팅에서는 고객이 모든 교통비를 부담한다. 만약 교통비를 그때그때 사용한 만큼 받는다면, 그것은 별도의 계정에서 비수익 항목으로 처리한다.

직원 급여는 왜 서로 다른 항목에서 보이는 걸까? 컨설턴트의 급여는 프로젝트를 진행할 때만 서비스 원가에 포함된다. 컨설턴트로서 일반관리 및 연구개발 업무에 투입되는 상대적 시간을 보면 컨설턴트들이 시간을 얼마나 효율적으로 쓰고 있는지 알 수 있다(시간은 컨설팅 회사의 유일한 수익 원천이다). 모든 서비스 회사가 연구개발 활동을 하는 것은 아니다. 하지만 회사의 연구개발 활동을 분리해서 보면, 투자한 자본이 새 제품에 얼마나 많이 투입되는지 파악할 수 있다. 그리고 이것은 가격을 결정하는 데 도움이 된다.

손익계산서를 다시 검토해보자. 신경 쓰이는 부분이 있는가? 잠재적 문제 영역은 무엇인가? 회사의 수익성을 어떻게 향상할 수 있을까?

서비스 회사에서는 시간이 중요한 이슈라고 이야기했던 것을 기억하라. 당신은 컨설턴트를 일반관리 업무에 적절히 투입할 방안이 있는지 궁금할 수도 있다. 컨설턴트의 급여는 일반관리 업무를 하는 마이클보다 훨씬 높은 수준이다. 직원들이 청구가능시간 동안 고객과 직접 일하지 않는 시간이 너무 많으면, 많은 서비스 회사가 재무적 위험에 빠질 수 있다.

우리가 이 장에서 다루지 않은 부분이 있을까? 우선 몇 가지 유형의
비용들을 살펴보자. 이자 비용, 기타 비용, 세금 등은 진짜 세후 이익을
도출하기 위해 차감되어야 할 것들이다. 기타 비용이란 어떤 것을 뜻하
는지 궁금할 것이다. 이 비용은 고정자산을 매각할 때 발생하는 손실과
이익 같은 것들이다(우리가 아직 다루지 않은 부분이다).

우리는 서비스 사업과 그 사업의 회계적 처리 방법에 대해 아주 깊이
살펴보지는 않았다. 하지만 당신이 서비스 사업을 하고 있다면, 바라건
대 중요한 몇 가지는 기억했으면 좋겠다.

다음은 전형적인 서비스 회사에서 사용하는 주요 항목이 있는 손익계
산서다.

리얼 굿 레모네이드 컴퍼니 손익계산서		
매출액		$48.00
서비스 원가		$21.00
매출총이익		$27.00
비용		
판매 및 마케팅비	$5.00	
일반관리비	$5.00	
연구개발비	$3.00	
총비용		$13.00
순이익		$14.00

또 다른 사업이 있으니 좋다. 아마도 언젠가 당신은 레모네이드 가판
대를 팔고 전업 컨설턴트가 되는 일에 집중하게 될 것이다. 하지만 지금
은 제품을 만들어 판매하는 게 즐겁다. 그러니 컨설팅 세계를 잠시 떠나

세상에서 가장 맛있는 레모네이드 만드는 일로 돌아가자.

세 번째 주가 시작되려 한다.

6장

좋다, 세 번째 주를 시작할 준비가 끝났다. 당신이 회계에 관해 얼마나 많이 배웠는지 잠시 생각해보자. 지금까지 익힌 지식으로, 이번 주는 최고의 주가 될 것으로 기대한다. 아마 내년 여름쯤, 다른 사람에게 레모네이드 가판을 맡기고, 당신은 재무 천재이자 큰돈을 버는 컨설턴트가 되어 있을 것이다.

화려한 미래를 꿈꾸는 것도 사업의 일부다. 하지만 지금은 월요일 아침, 현실로 돌아올 시간이다. 이번 여름, 당신은 레모네이드 가판을 경영하고 있다.

아침을 먹으며 신문을 본다. 일기예보에서 덥고 햇볕이 쨍쨍한 한 주가 될 것이라고 한다. 좋다! 하지만 당신에게는 하늘이 맑고, 푸르고, 아름답다고 알려주는 신문은 굳이 필요 없다. 살아있다는 것이 좋은 것이다!

당신은 또 한 번의 성공적인 주를 기대하며 의욕에 불탄다. 하지만 시작하기 전에, 우리는 무엇을 해야 할까?

순이익을 이월시켜라! (지난주의 순이익을 이익잉여금으로 옮겨라.)

지금 바로 하자.

기초 재무상태표 : 세 번째 주

자산			부채		
현금		$34.00	외상매입금		$4.00
			차입금		$25.00
외상매출금		$6.00	총부채		$29.00
재고자산	원재료	$12	**자본**		
		$12.00	초기 투자		$5.00
	제품		이익잉여금		
선급비용		$2.00	현재까지의 주간 순이익		
			총자본		
자산총계		$54.00	**부채 및 자본총계**		$54.00

오늘은 새로운 월요일, 원재료 재고를 다시 채울 시간이다. 당신에게는 여전히 지난주에 남은 레몬 50개와 설탕 5파운드가 있지만, 이번 주 판매를 위해서는 원재료가 더 많이 필요하다고 생각한다. 차고 밖으로 자전거를 몰고 거리로 나가(물론 자동차를 살피며), 파커 아저씨의 식료품점으로 향한다. 당신은 경험 많은 사업가처럼 보인다. 실제로 당신은 지난 몇 주간 정말 열심히 일했다. 그 보상으로 당신은 자신에게 주스 한 병과 도넛 몇 개 그리고 막대사탕을 선물로 주기로 한다.

하지만 가게에 도착했을 때, 당신은 충격을 받는다. 돈이 모자란다. 레몬 가격이 개당 40센트로 두 배나 올랐기 때문이다.

정말 화가 난다. 이 일로 대통령에게 전화하는 사람도 있을 것이다! 적어도 레몬이 생산되는 플로리다와 캘리포니아 주지사에게는 전화할 것이다. 무슨 일일까? 당신이 사업을 그만두게 누군가 수를 쓰고 있는 것일까?

하지만 레몬 없이는 레모네이드를 만들 수 없다. 레몬 50개를 사야 하는 데 충분한 현금을 가져오지 않았다. 당신은 가격을 보고 파커 아저씨에게 불평을 늘어놓는다. 파커 아저씨도 가격이 인상되어 기분이 좋지 않았다. "나도 돈을 더 주고 사오고 있어. 태풍으로 레몬 작황이 안 좋아진 게 분명해." 아저씨가 설명해주신다. "그 재난 때문에 아무도 돈을 못 벌었어."

설명을 듣자 다소 진정되었고, 파커 아저씨께 말씀드린다. "우리 레몬인들끼리 뭉쳐야 해요. 그렇지 않으면 이 힘든 기간 동안 서로 피곤해질 수도 있다고요."

아저씨는 고개를 끄덕이셨다. "잘 들어봐, 이 레몬들을 외상으로 팔면 좋겠어. 네가 이미 외상으로 샀던 것에 이 20달러를 더할까?"

"제발요, 파커 아저씨. 아저씨는 세상에서 제일 좋은 분이세요. 물론 저희 아빠를 빼고요. 그리고 삼촌들과 할아버지들도 빼고요." 당신은 고개를 끄덕이며 말한다.

자전거를 타고 집으로 오면서, 파커 아저씨가 좋은 분이라서 다행이라고 생각한다. 작황을 망친 레몬 농부들이 안됐다는 생각도 든다. 하지만 레몬 비용이 두 배로 올라 당신 자신이 제일 불쌍하다고 생각한다.

집에 돌아와, 당신은 새 재무상태표를 만든다.

스스로 묻는다. 무엇이 들어왔는가? 재고

그 재고는 얼마어치인가? 20달러

당신은 그 재고를 사면서 현금을 지급했는가? 아니다. 외상으로 샀다.

다음 재무상태표에 그 거래를 나타내보자.

균형이 맞는가? 아니다.

어떻게 해야 하는가? 외상매입금을 늘려라.

얼마나 늘려야 하는가? 20달러

이제 균형이 맞는가? 그렇다.

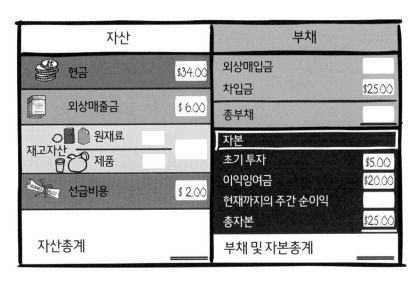

하지만 달라진 게 있다. 재고를 보자. 이제 개당 20센트짜리 레몬 50개와 개당 40센트짜리 레몬 50개를 각각 구분할 방법이 필요하다.

좋다, 그러면 우리 재고를 한번 살펴보자. 우리 재고에 가격이 서로 다른 레몬이 있는가? 그렇다.

우리에게는 레몬 100개가 있는데, 그중 50개는 개당 20센트짜리고 다른 50개는 개당 40센트짜리다. 이런 일은 재고가 있는 사업에서는 언제든지 생길 수 있을까? 당신은 같은 원재료를 각각 다른 가격으로 샀는가? 그렇다. 원재료 가격은 사전 통보 없이 바뀔 수 있다. 같은 원재료를 다른 가격으로 살 수도 있다는 뜻이다.

당신은 생각한다. 이제 곧 레몬 50개를 사용해서 레모네이드 한 통을 만들려고 한다. 레몬 가격은 얼마일까? 두 가지 모두. 알다시피 20센트와 40센트짜리가 있다. 이번 레모네이드 통에 어떤 가격의 레몬이 들어갈지 제발 묻지 마라.

혼란스러울 수 있다. 그렇지 않은가? 사업에서 재고를 평가하는 방법을 이제 살펴볼 것이다.

어떤 적극적인 사업가가 이 이슈를 접하고 재고가 있는 모든 사업을 위해 내놓은 창의적인 방법이 있다.

우선 먼저 들어온 레몬이 먼저 나간다고 하고, 재고를 평가하는 방법을 살펴볼 것이다.

먼저 들어와서 먼저 나간다, 즉 선입선출법FIFO: First In, First Out이다. 이것은 무엇을 의미할까?

간단히 말하면, 이것은 제일 먼저 들어온 레몬이 제일 먼저 나가는, 즉 우리가 파는 첫 번째 레몬이 된다는 뜻이다.

여기 선입선출법을 이해할 수 있는 또 다른 방법이 있다.

레몬을 매입한 순서대로 파이프에 넣는다고 하자. 그렇다면 어떤 레몬이 파이프의 맨 앞에 있을까? 20센트짜리 레몬. 그리고 어떤 레몬이 제일 맨 뒤에 있을까? 40센트짜리 레몬

좋다. 레모네이드 한 통을 또 만들어보자. 레시피를 기억하는가? 설탕 5파운드＋레몬 50개＝60잔(기억나는지 모르겠지만, 설탕은 파운드당 40센트다). 당신이 직접 레모네이드를 만들었기 때문에 노동비는 없다.

선입선출법에 따른 생산원가는 얼마인가?

$ ＿＿＿＿＿＿＿

선입선출법을 적용할 때, 레몬의 원가는 얼마인가? 10달러

당신은 처음 들어온 레몬의 가격을 적용했는데, 원가는 개당 20센트, 총액은 10달러다. 그런 후에 파운드당 40센트인 설탕 5파운드의 가격을 더하라. 설탕의 총액은 2달러다. 이 원재료(레몬과 설탕)를 잘 섞어라. 이제 레모네이드를 팔 시간이다.

하지만 우선 이 거래들을 새로운 재무상태표에 나타내보자.

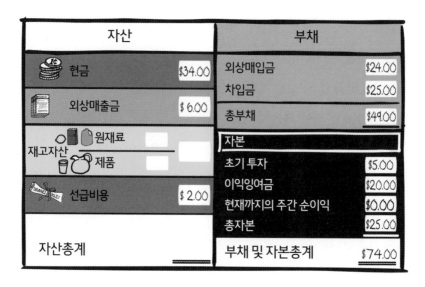

자산		부채	
현금	$34.00	외상매입금	$24.00
		차입금	$25.00
외상매출금	$6.00	총부채	$49.00
재고자산 원재료		**자본**	
제품		초기 투자	$5.00
		이익잉여금	$20.00
선급비용	$2.00	현재까지의 주간 순이익	$0.00
		총자본	$25.00
자산총계		**부채 및 자본총계**	$74.00

지금 배우고 있는 이 모든 주요 회계 개념 및 관습이 다소 어렵게 느껴질지도 모른다. 하지만 당신은 아주 잘하고 있다. 더구나 오늘 당신이 레모네이드를 파는 데 전혀 문제가 없다.

날씨가 덥다. 사람들이 당신의 레모네이드 가판대 앞에 줄을 서 있다. 당신이 만든 레모네이드에 대한 소문이 퍼져 단골뿐만 아니라 새로운 고객들도 많아졌다.

"이봐, 학생. 너의 비밀 레시피를 알려주면 100달러를 주마." 양복을 입은 한 신사가 말한다.

"안 되죠. 코카콜라가 예전에 레시피를 팔았다면, 지금 코카콜라가 남아 있겠어요? 죄송하지만 100달러로는 안 되겠네요." 당신은 대답한다.

비즈니스는 한 주 내내 좋다. 당신은 50센트씩 받고 음료를 판다. 50잔을 현금으로 팔고, 10잔은 외상으로 판다. 총매출은 30달러이며, 이 중 25달러는 현금매출, 나머지 5달러는 외상매출금이다.

이번 주의 거래를 다음 재무상태표에 기록해보자.

자산		부채	
🪙 현금		외상매입금	$24.00
		차입금	$25.00
📚 외상매출금		총부채	$49.00
재고자산 🥫📦 원재료	$20	**자본**	
🍹🍊 제품		초기 투자	$5.00
		이익잉여금	$20.00
🎟️ 선급비용		현재까지의 주간 순이익	
		총자본	
자산총계		**부채 및 자본총계**	

당신이 지금 기록한 것들을 살펴보자.

우선 사업에서 무엇이 나가는가? 재고

얼마나? 12달러

무엇이 들어오나? 현금

좋다. 그렇다면 현금을 추가하자. 얼마나 추가하나? 25달러

그리고 또 들어온 게 있는가? 외상매출금 5달러

이제 균형이 맞는가? 아니다. 자산은 92달러인데 오른쪽은 74달러다.

우리가 거둔 이익이 더 많아졌는가? 그렇다.

매출액은 얼마인가? 30달러

원가는 얼마인가? 12달러

현재까지의 주간 순이익은 얼마인가? 18달러. 균형을 맞추기 위해 이 순이익을 오른쪽에 더하라.

다시 한 번 살펴보자.

선입선출법에서, 어떤 원가의 레몬을 사용했는가? 먼저 들어온 레몬

매출원가는 얼마인가? 12달러(레몬 10달러와 설탕 2달러)

장부에는 어떤 원가의 레몬이 남아 있는가? 나중에 들어온 레몬

좋다, 우리는 20센트짜리 레몬을 사용하고 40센트짜리 레몬은 장부의
재고 항목에 남겼다.

이제 한 주의 끝이다.

재고를 평가하는 다른 방식들도 살펴보고 싶다. 재고를 구분하는 게
우리의 주요 목표이니까, 이번 주에는 어떤 비용도 다루지 말자.

보통 사업을 하면서 비용은 매주 발생하는가? 그렇다.

하지만 당장은 우리의 재고를 평가하는 다른 방식들을 살펴보려고 한
다. 찬성하는가?

그렇다면 주말 재무상태표와 손익계산서를 살펴보자.

다음은 편의를 위해 항목들을 미리 기입한 최근 재무상태표다.

발생주의 선입선출법 재무상태표

자산		부채	
현금	$59.00	외상매입금	$24.00
		차입금	$25.00
외상매출금	$11.00	총부채	$49.00
재고자산 원재료 $20	$20.00	**자본**	
제품 $0		초기 투자	$5.00
		이익잉여금	$20.00
선급비용	$2.00	현재까지의 주간 순이익	$18.00
		총자본	$43.00
자산총계	$92.00	**부채 및 자본총계**	$92.00

왼쪽과 오른쪽이 같은가? 확실히 그렇다.

이제 주말이니, 이 재무상태표는 기말 재무상태표다.

이제 다음 손익계산서를 채워 넣어보자.

선입선출법 손익계산서

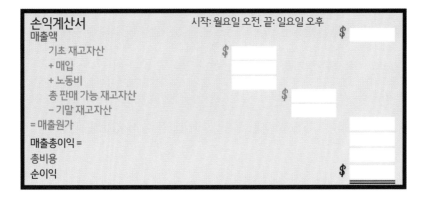

6장 **131**

매출은 얼마인가? 30달러

기초 재고는 얼마인가? 12달러

매입은 얼마인가? 20달러

기말 재고는? 20달러

총 판매 가능 재고자산은 얼마인가? 32달러

그래서 매출원가는 얼마인가? 12달러

결과적으로 매출총이익은 얼마인가? 18달러

그리고 우리는 어떤 비용도 나타내지 않기로 한 점을 기억하라. 따라서 비용은 0이다. 결국 우리의 순이익은 얼마인가? 18달러

손익계산서의 순이익이 재무상태표의 현재까지 주간 순이익과 일치하는가? 그래야 한다. 양쪽 모두 18달러가 나왔다면 자신을 격려해주자.

이번 주에는 선입선출법을 적용했는데, 어떤 원가의 레몬을 사용했는가? 20센트의 레몬

재무상태표에 남아 있는 레몬은 어떤 원가의 레몬인가?
40센트의 레몬

우리는 재고를 평가하는 다른 방식도 있다고 말한 바 있다. 이번 주 재무 기록을 작성하기 위해 선입선출법을 적용했을 뿐이다. 하지만 이제 재고를 평가하는 다른 방식을 적용해 거래들을 다시 검토해보자.

이번 주를 다시 시작하자. 선입선출법 대신, 재고를 평가하는 반대 방식을 사용할 것이다. 바로 후입선출법LIFO: Last In, First Out이다.

우리가 레몬 50개를 외상으로 샀다는 사실을 기억하라. 레몬 가격은 얼마 전에 개당 40센트로 올랐다. 이 거래에서부터 시작하자.

무엇이 들어왔는가? 재고

얼마나 들어왔는가? 20달러

당신은 현금으로 지급하는가? 아니다.

그렇다면 재무상태표의 균형을 맞추기 위해 당신은 어떤 것을 늘려야 할까? 외상매입금

얼마만큼 늘려야 하는가? 20달러

이번에 우리는 128페이지와 같은 재무상태표를 사용할 것이다. 하지만 우리는 재고를 평가할 때 후입선출법을 적용한다.

자산		부채	
현금	$34.00	외상매입금	$24.00
		차입금	$25.00
외상매출금	$6.00	총부채	$49.00
재고자산 원재료 $32 제품 $0	$32.00	**자본**	
		초기 투자	$5.00
선급비용	$2.00	이익잉여금	$20.00
		현재까지의 주간 순이익	$0.00
		총자본	$25.00
자산총계	$74.00	**부채 및 자본총계**	$74.00

우리는 제일 늦게 들어온 레몬이 제일 먼저 판매되는 방식을 적용하고 있다. 마지막으로 들어간 레몬이 가장 먼저 나오는 레몬이 될 것이다.

이 방식을 뭐라고 부를까? 후입선출법. 이 말의 의미는 무엇인가? 제일 늦게 들어온 것이 제일 먼저 나간다.

이번에는 파이프라인 비유가 적절하지 않다. 대신 통에 레몬을 넣었다고 해보자.

어떤 레몬이 바닥에 있는가? 20센트짜리 레몬. 그리고 맨 위에 있는 것은? 40센트짜리 레몬. 맞다. 마지막에 들어간 레몬이 가장 먼저 나오는 레몬이다.

좋다. 이제 레모네이드 한 통을 또 만들어보자. 설탕 5파운드와 레몬 50개를 넣으면 (물 2갤런도 함께) 레모네이드 60잔이 만들어진다.

이 레모네이드 한 통을 만드는 데 후입선출법을 적용하면, 레몬의 원가는 얼마인가? 20달러. 레몬을 사는 데 얼마가 드는가? 20달러. 설탕도 더하는데 이것은 얼마인가? 2달러. 그렇다면 후입선출법을 적용하면 생산원가는 얼마인가?

후입선출법을 적용하면 생산원가는

$ _____ 이다.

곧 필요하게 될 것이니 반복해보자. 후입선출법을 적용하면 생산원가는 얼마인가? 22달러

다음 스코어카드에 나타내보자.

자산		부채	
🪙 현금	$34.00	외상매입금	$24.00
		차입금	$25.00
📄 외상매출금	$ 6.00	총부채	$49.00
🧴 원재료		자본	
재고자산 ———		초기 투자	$5.00
🍶 제품		이익잉여금	$20.00
🎟 선급비용	$ 2.00	현재까지의 주간 순이익	
		총자본	$25.00
자산총계		부채 및 자본총계	$74.00

당신은 멋진 한 주를 보내며 레모네이드 60잔을 모두 판다. 이번에도 50잔은 현금으로, 10잔은 외상으로 판다.

무엇이 사업에서 나가는가? 재고

재고는 얼마인가(후입선출법에서)? 20달러. 기억하라. 후입선출법에서는 마지막 레몬, 즉 더 비싼 레몬이 먼저 나간다. 더 싼 레몬은 어디에 있는가? 기말 재고에.

들어온 현금은 얼마인가? 25달러

외상매출금으로는 얼마가 들어오는가? 5달러

재무상태표를 새로 작성해보자.

자산		부채	
현금		외상매입금	
		차입금	
외상매출금		총부채	
재고자산 원재료		자본	
제품		초기 투자	
선급비용		이익잉여금	
		현재까지의 주간 순이익	
		총자본	
자산총계		부채 및 자본총계	

다시 한 번 말하지만, 이번 주에 비용은 없다.

이제 이 거래를 후입선출법 손익계산서에 나타내보자.

후입선출법 손익계산서

손익계산서   시작: 월요일 오전. 끝: 일요일 오후 $ ☐

매출액

    기초 재고자산 $ ☐

    + 매입

    + 노동비

    총 판매 가능 재고자산 $ ☐

    − 기말 재고자산

= 매출원가   ☐

매출총이익 =

총비용

순이익 $ ☐

매출은 얼마였는가? 30달러

기초 재고 얼마인가? 12달러

매입은 얼마인가? 20달러

총 판매 가능 재고는 얼마인가? 32달러

기말 재고는 얼마인가? 10달러

매출원가는 얼마인가? 22달러

잠시만, 매출원가가 22달러라고? 높지 않은가? 왜 매출원가가 높아졌는가? 나중에 들어온 레몬이 더 비싼 레몬이었기 때문이다.

매출총이익은 얼마인가? 8달러

이번 주에는 비용이 없다. 그래서 0이다.

그렇다면 순이익은 얼마인가? 8달러

이런! 선입선출법보다 순이익이 낮다.

후입선출법에서 총자산은 얼마인가? 82달러

후입선출법에서 총부채와 총자본은 얼마인가? 82달러

왼쪽은 오른쪽과 같은가? 그렇다.

잘했다. 우리는 두 가지 다른 재고 평가방식을 적용했다. 최종 결과가 달랐는가? 그렇다.

선입선출법에서 순이익은 얼마였는가? 18달러. 그리고 후입선출법에서 순이익은 얼마였는가? 8달러. 선입선출법에서 순이익이 더 높았다. 그 이유는 무엇인가? 선입선출법에서 매출원가는 더 낮고, 기말 재고는 더 크기 때문이다.

선입선출법과 후입선출법을 비교하기 위해 다음 표를 작성해보자.

〈선입선출법 대 후입선출법〉· 숫자는 거짓말하지 않는다!

	선입선출법	후입선출법
매출액	$	$
매출원가	$	$
이익	$	$
기말 재고	$	$

어떤 결론을 얻을 수 있는가?

선입선출법에서는 매출원가가 낮고,

기말 재고가 크고, 순이익이 높다.

후입선출법에서는 매출원가가 높고,

기말 재고가 작고, 순이익이 낮다.

기억하라. 회계는 창의적일 수 있다. 이것은 재고를 인식할 때 회계가 창의적이 될 수 있는 하나의 예다.

당신이 선호하는 것은 무엇인가? 그것은… 때에 따라 다르다.

그렇다. 때에 따라 다르다.

선입선출법을 적용하는 이유는 무엇일까? 우선 서류상으로 더 좋아

보인다. 선입선출법은 더 나은 최종 결과를 보여준다.

훌륭하다! 하지만 당신이 돈을 많이 벌었다면 정부가 당신에게 원하는 것은 무엇일까? 더 많은 세금

그렇다면 후입선출법을 적용하는 이유는 무엇인가? 세금 때문이다. 이익이 낮을수록, 세금도 낮아질 것이다. 어떤 방식이 파악하기 더 간단할까? 선입선출법. 맞다. 선입선출법이 더 쉽다. 그러니 이것을 기억하자. 사업에서 후입선출법을 택하는 이유는 세금을 절감하기 위해서일 뿐이다.

뭐라고 했는가? 잘 들리지 않는다.

비즈니스에서 후입선출법을 택하는 이유는 세금을 절감하기 위해서일 뿐이다.

하지만 당신은 이렇게 질문할 수 있다. 항상 그런가?

좋은 질문이다.

후입선출법을 적용했을 때 이익과 세금이 더 낮은 이 예에서, 가격은 어떻게 변하고 있는가? 가격이 오르고 있다. 실제로 가격이 오르고 있는 회사나 사업에서 세금을 낮추려고 한다면 어떤 방식을 적용하는가? 후입선출법

하지만 가격이 내려가고 있고, 당신은 여전히 세금을 줄이고 싶다. 당신은 어떤 방식을 택해야 하는가? 선입선출법

주요 산업 중 지난 몇 년간 가격이 계속 내려간 분야는 어디인가? 전

자산업. 그렇다면 그 산업군에 속한 기업 중 세금을 절감하고 싶은 곳은 어떤 재고 평가방식을 적용했을까? 선입선출법

선입선출법과 후입선출법 중 무엇을 선택할지는 중요한 문제다. 두 가지 기준이 있다. 당신의 세금 전략은 무엇인가? 당신이 속한 산업에서 가격은 어느 방향으로 움직이고 있는가? (물론 당신은 앞으로 몇 년 뒤 가격을 예측하지 않을 것이다. 지난 25번의 회계기간 추세를 보고 미래를 예측하려 할 것이다.)

두 가지 다른 방식을 복습하기 위해 이번 주의 숫자들을 살펴보자.

선입선출법에서 총자산은 얼마인가? 92달러

그러면 후입선출법에서 총자산은 얼마인가? 82달러

두 재무상태표 간 차이는 얼마인가? 10달러

두 재무상태표의 왼쪽에서는 어디서 차이가 발생하는가(총자산은 제외)? 재고

두 재무상태표의 오른쪽에서는 어디서 차이가 발생하는가(총부채와 총자본은 제외)? 순이익

선입선출법에서 재고에는 레몬이 몇 개나 있는가? 50개

그리고 후입선출법에서는 재고에 레몬이 몇 개나 있는가? 50개

어쨌든 우리에게는 레몬이 50개 있다. 선입선출법이건 후입선출법이건 상관없이, 당신은 레모네이드 가판대에 완전히 같은 레몬을 꺼내 놓는다. 선입선출법과 후입선출법 재무상태표를 비교하면 당신은 같은 현금(59달러), 외상매출금(11달러), 레몬(50개) 그리고 보험증권(2달러)을 가

지고 있다. 우리의 레모네이드 가판대를 보면, 우리가 어떤 재고 평가방식을 적용하고 있는지 알 수 있을까? 아니다. 그것은 단지 장부상의 문제다.

선입선출법과 후입선출법은 어디서 재고를 평가하는 방법인가? 단지 장부상에서만

당신은 레몬처럼 상하기 쉬운 제품에 후입선출법을 적용하는 것에는 문제가 있다고 생각할지도 모른다. 쉽게 말하면 당신이 오래된 레몬을 사용하지 않는다면, 어떤 일이 생길까? 그 레몬들이 상한다.

다음과 같은 상황을 살펴보자. 레몬이 담긴 두 개의 그릇이 있다.

왼쪽 그릇에는 우리가 떠올렸던 파이프라인에서 나온 레몬이 있다. 즉 먼저 들어온 레몬이다.

오른쪽 그릇에는 우리가 떠올렸던 통에서 나온 레몬이 있다. 즉 나중에 들어온 레몬이다.

선입선출법에서 우리는 어떤 레몬을 사용할까? 먼저 들어온 레몬

원가는 얼마인가? 개당 20센트

후입선출법에서 우리는 어떤 레몬을 사용할까? 나중에 들어온 레몬

원가는 얼마인가? 개당 40센트

하지만 이제 잠시 생각해보자. 우리가 정말로 나중에 들어온 레몬을 사용한다면 먼저 들어온(즉 오래된) 레몬에는 어떤 일이 생길까? 상한다. 그리고 썩는다. 그리고 모든 종류의 곰팡이와 해충을 끌어들인다. 그리고 보건복지부에서 나타날 것이다. 그렇다!

후입선출법에서 우리는 어떤 레몬을 사용해야 할까? 나중에 들어온 레몬. 원가는 얼마인가(여기서 주의가 필요하다!)? 40센트. 재고평가는 장부상으로만 존재한다는 점을 기억하라.

요점은 선입선출법과 후입선출법은 재고를 평가하는 방식이라는 것이다. 이 방식들은 재고를 사용하는 방식인가? 아니다.

우리는 항상 어떤 레몬을 사용해야 할까? 먼저 들어온 레몬. 그렇지 않으면 그 레몬들은 상하고 썩게 될 것이다.

후입선출법은 창의적인 회계일 뿐이다. 당신은 항상 가장 오래된 레몬을 가장 먼저 사용하게 될 것이다. 하지만 후입선출법에서 당신은 나중에 들어온 새 레몬들을 사용하는 척할 뿐이다. 사실 당신은 오래된 레몬을 새로운 가격으로 사용하고 있다. 이전에 배운 것처럼, 이것은 단지 세금을 절감하기 위한 창의적인 방법에 불과하다.

방식을 바꿀 수 있는지 궁금할 것이다. 이 질문에 대한 답은 yes가 될 수도 있고, no가 될 수도 있다.

선입선출법에서 후입선출법으로 바꾸는 것부터 살펴보자. 대부분의 회사가 더 간단한 방식, 즉 선입선출법으로 시작한다. 당신은 처음 한 번은 선입선출법에서 후입선출법으로 바꿀 수 있다. 당신은 왜 그렇게 하고 싶을까? 원가가 계속 상승하는 인플레이션 환경에서 세금을 절감할 수 있기 때문이다. 하지만 일단 당신이 한 번 바꾸면, 국세청의 허락 없이는 다시 바꿀 수 없다. (이번에는 국세청이라니! 당신은 보건복지부 감독관 때문에 걱정한 적도 있지 않았나?)

국세청에서 기업이 후입선출법에서 선입선출법으로 다시 바꾸는 것을 허락하는 경우는 거의 없다. 당신은 국세청 담당자에게 전환을 신청하고, 실제로 전환하기 전에 허락을 받아야 한다.

후입선출법에서 선입선출법으로 바꾸면, 그때까지 절감되었던 세금을 다시 내야 하는가? 유감스럽게도 그렇다.

실제로 세금이 언제 다시 늘어날까? 답을 구하기 위해 세금이 다시 늘어나는 경우를 살펴보자.

후입선출법에서 레몬 50개의 장부가치는 얼마인가? 10달러

하지만 지금 레몬 50개를 산다면 얼마나 들까? 20달러

그렇다면 당신이 사업을 매각했다고 가정해보자. 레몬 50개를 얼마에 팔까? 20달러. 아하, 당신은 이익 10달러를 얻고, 대신 무엇을 내야 하는가? 세금!

당신이 마지막 레몬 50개를 팔았다면 기말 재고는 얼마인가? 0

세금은 그때 다시 늘어날 것이다. 그렇다면 당신이 이익 10달러 때문에 늘어나는 세금을 내지 않기 위해서는 적어도 몇 개의 레몬을 가지고

있어야 하는가? 50개

선입선출법 대 후입선출법에 관한 마지막 문제다. 회사가 어떤 방식을 적용하고 있는지 어떻게 알 수 있을까?

회사의 재무제표에는 주석이라고 하는 특별한 부분이 있다.

회사는 주석에 재고 평가방식을 밝혀야 한다. 또한 회사는 주석에 선입선출법과 후입선출법에 따른 재고 금액의 차이를 밝힐 수 있는데, 투자자는 이 정보를 통해 후입선출법으로 과소평가된 자산의 규모를 알 수 있다. 하지만 정부에서는 회사가 재무제표에서는 선입선출법으로, 세금신고서에서는 후입선출법으로 기록하는 것을 허락하지 않는다. 회사가 진지한 해명을 하고 싶지 않다면, 모든 외부 보고에는 일관성이 있어야 한다.

좋다. 그런데 당신은 재고의 원가를 평균할 수 있는가?

그렇다. 많은 회사가 평균원가방식(평균원가법)을 적용한다. 일련번호 등을 통해 재고를 정확히 인식할 수 있다면, 항상 명확하게 재고를 평가할 수 있다.

우리의 레모네이드 사업으로 돌아가기 전에, 선입선출법과 후입선출법에 관해 요약해보자.

선입선출법과 후입선출법은 어디서 재고를 평가하는 방법인가?

장부상에서.

후입선출법을 적용하는 유일한 이유는 무엇을 절감하기 위해서인가?

세금

휴~, 또 한 주의 끝이다. 또 다른 전진을 위해 휴식할 시간이다. 음악을 틀고 춤을 추자. 밖으로 나가 신선한 공기를 마시자. 스트레칭을 하자.

아니면, 맞다. 얼음처럼 차가운 레모네이드를 한잔 따라 시원하게 들이켜자!

7장

새로운 주가 시작될 때 항상 우리가 첫 번째로 할 일은 무엇인가? 지난주의 순이익을 이월한다.

그리고 우리는 이제부터 이 책에서 후입선출법을 적용할 것이다. 세금을 절감하고 싶기 때문이다.

알아두어야 할 점: 실제로는 후입선출법은 기록을 유지하기 어렵고, 비용이 많이 든다. 재고가 많은 회사만 이 방식을 채택할 것이다. 결정을 내리기 전에 유능한 컨설턴트와 상의하라.

법적인 문제와 어려운 내용은 이것으로 충분하다. 이제 순이익을 이월하자. 3주 차에 발생한 순이익을 이월하라.

자산			부채	
💰 현금		$59.00	외상매입금	$24.00
			차입금	$25.00
📄 외상매출금		$11.00	총부채	$49.00
재고자산 ⬤◻ 원재료	$10	$10.00	자본	
🥤🍋 제품	$0		초기 투자	$5.00
✂ 선급비용		$2.00	이익잉여금	
			현재까지의 주간 순이익	
			총자본	
자산총계		$82.00	부채 및 자본총계	

이익잉여금은 얼마인가? 28달러. 그리고 새로 시작한 4주 차에서 현재까지의 주간 순이익은 얼마인가? 아직은 없다.

그런데 몇 주 전 레모네이드를 외상으로 산 친구에게서 전화가 온다. 그 친구는 용돈을 받았고, 5달러를 갚으려고 한다. 좋은 소식이다. 채권추심회사에 요청할 필요 없이 외상매출금을 회수했다.

현금을 받았는가? 그렇다.

이것을 어떻게 나타내야 할까? 현금 항목에 5달러를 더하고 외상매출금 항목에서 5달러를 뺀다. 다음 재무상태표에 이 거래를 반영해보자.

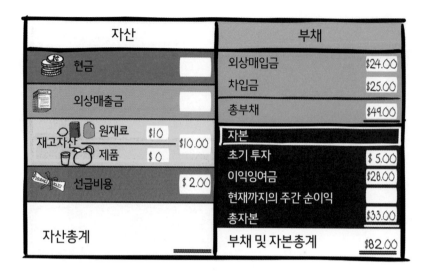

자산			부채	
현금			외상매입금	$24.00
			차입금	$25.00
외상매출금			총부채	$49.00
재고자산 원재료	$10	$10.00	자본	
제품	$0		초기 투자	$5.00
선급비용		$2.00	이익잉여금	$28.00
			현재까지의 주간 순이익	
			총자본	$33.00
자산총계			부채 및 자본총계	$82.00

몇 주 전에 그 외상매출금을 매출로 인식했는가? 그렇다.

그 외상매출금은 손익계산서에 매출액으로 나타났는가? 그렇다.

우리가 지금 그 외상매출금을 매출로 인식하는가? 아니다.

우리는 언제 손익계산서에서 그 외상매출금을 매출로 인식했는가?

2주 전

그건 바로 우리가 발생주의 회계방식을 적용하고 있기 때문이다.

친구가 외상을 갚은 부분이 당신의 손익계산서에 나타나는가?

아니다.

하지만 우리는 현금을 받았다. 그렇지 않은가? 현금이 들어오고 나갈 때 파악하는 것이 좋지 않을까? 그렇다.

우리는 세 번째 재무제표를 소개할 것이다. 왜 세 가지일까?

이렇게 생각해보자. 의자가 안정적으로 서 있으려면 다리가 적어도

몇 개가 필요한가? 3개

우리의 재무 정보를 의자라고 생각하면, 재무상태표가 하나의 다리 그리고 손익계산서가 또 다른 하나의 다리다. 우리의 재무 의자가 안정적으로 서 있기 위해서는 다리가 하나 더 필요한 것이다.

우리는 재무상태표와 손익계산서로 사업을 관리하고 있다. 이 두 재무제표는 어떤 기준으로 작성하는가? 발생주의 회계방식

세 번째 재무제표는 현금흐름표다.

여기 현금흐름표가 있다. 한번 살펴보자.

현금흐름표		_____ 번째 주
수취	$	
재고자산 매입		
유형자산 투자		
지급비용		
현금 증감		$
기초 현금		+
기말 현금		$

우리는 현금흐름표의 각 항목을 기록해두었다가, 한 주가 끝날 때 모든 항목을 합칠 것이다.

기본적으로 현금흐름표는 특정 기간(우리 경우에는 한 주) 동안 들어오고 나간 현금을 기록하는 재무제표다. 이 말은 반복할 필요가 있다.

현금흐름표는 들어오고 나간 현금만을 기록한다.

현금을 가지고 이번 주를 시작했는가? 그렇다.

기초 현금은 얼마였는가? 59달러

이 값을 기초 현금 항목에 기록하라.

이제 외상매출금이었던 5달러를 회수했는가? 그렇다.

들어온 현금과 나간 현금을 기록하라. 현금이 들어오면 +로 입력하고 나가면 −로 입력할 것이다. 이 5달러는 현금흐름표의 어떤 항목에 들어가는가? 이것은 수취다. 그런가? 그렇다면 수취 항목에 +5를 더하라.

외상매출금을 회수한 금액이라는 것을 알 수 있도록 이 5달러 옆에 외상매출금이라고 적을 수 있다. 이해했는가?

현금 증감 항목은 한 주가 끝날 때 모든 플러스(+)와 마이너스(−)를 더하는 항목이다.

당신이 유능한 기업가라는 사실을 고려해(한번 기업가는 영원한 기업가다), 사업을 하는 장소를 말끔하게 꾸미기로 한다. 친구의 형이 자신이 몇 년 전 레모네이드 가판 사업을 할 때 만들었던 큰 가판대를 가지고 있다고 한다. 당신은 그 가판대를 사기로 한다. 힘들게 협상을 마치고 8달러에 그 가판대를 산다.

그 친구 가족에게는 새로운 장소를 찾고 있는 당신에게 팔 작은 부지도 있다. 거대한 공터 일부로, 개발되지 못한 채 수년이 지났지만, 대로변이다.

당신은 그 부지와 새 레모네이드 가판대를 현금 10달러에 산다.

당신은 그 가판대가 큰 고장 없이 10년 정도는 버텨줄 것으로 생각한다. 8달러는 가판대를 사는 데, 2달러는 부지를 사는 데 사용했다는 사실을 매매 계약서에 명확히 기록한다.

(각 항목을 따로 구분하는 데는 이유가 있다. 나중에 설명할 것이다.)

재무상태표에 그 거래를 어떻게 나타낼까? 우리는 10달러를 들여 새 가판대를 새로운 부지에 설치할 것이다.

가판대와 부지를 어떻게 살 것인가? 현금으로.

좋다. 10달러가 나갔다. 무엇이 들어오는가? 새로운 가판대와 부지

가판대와 부지는 당신의 소유인가? 그렇다.

그렇다면 어디에 나타내야 할까? 그것들은 자산인가? 그렇다.

우리는 가판대와 부지를 어떻게 부를까? 매입한 부동산, 공장, 설비 등을 사업에서는 어떻게 부를까? 유형자산. 보통 그 자산들은 판매를 목적으로 하지 않고 사업을 하면서 계속 사용된다.

이 거래를 반영하여 재무상태표를 작성해보자.

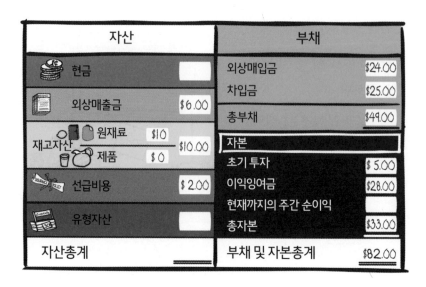

자산		부채	
현금		외상매입금	$24.00
		차입금	$25.00
외상매출금	$6.00	총부채	$49.00
재고자산 원재료 $10 제품 $0	$10.00	자본	
		초기 투자	$5.00
선급비용	$2.00	이익잉여금	$28.00
		현재까지의 주간 순이익	
유형자산		총자본	$33.00
자산총계		부채 및 자본총계	$82.00

건물과 토지 외에, 다른 어떤 유형자산이 있을까?

_____

_____

_____

당신은 사무실 가구, 영업용 자동차, 컴퓨터, 공구, 팩스, 전화기, 선반, 냉장고 같은 것들을 샀을 것이다.

우리는 지금 유형자산을 매입했다. 그것은 우리의 소유인가? 그렇다. 금액은 얼마인가? 10달러

자산을 매입해 재무상태표에 더하는 것을 뭐라고 하는가?

자산의 자본화

그렇다면 부지 또는 가판대의 매입이 손익계산서에도 나타나는가?

그렇지 않다

가판대와 부지를 비용으로 인식할 수 있을까? 아니다.

왜 비용으로 인식할 수 없을까? 긴 내용연수를 가진 중요한 가치가 있는 주요 아이템을 매입했기 때문이다.

이와 관련한 규칙은 무엇인가? 일반적으로 중요한 가치가 있는 주요 아이템의 매입은 자산을 증가시키고 재무상태표에 더해진다, 즉 자본화된다.

다시 한 번 더 반복해보자.

일반적으로 중요한 가치가 있는
주요 아이템의 매입은 자산을 증가시키고
재무상태표에 더해진다(자본화).

어떤 아이템을 비용화할지, 자본화할지 결정하는 일은 아주 중요하다. 일반적인 가이드라인이 있다. 몇 가지 예를 살펴보면서 가이드라인을 명확히 하자.

당신은 지금 현금을 다른 종류의 자산으로 전환해 자본화했다. 맞는가?

현금이 나갔는가? 그렇다.

당신은 무엇을 했는가? 투자

현금흐름표(149페이지)로 돌아가 마이너스 10달러를 입력하라. 어느 항목에 입력해야 하는가? 유형자산 투자

당신 생각에 새 레모네이드 가판대는 좋지만, 친구의 형은 페인트칠

에는 안목이 높지 않은 것 같다. (당신이 브라운, 퍼플, 핫핑크의 조합을 매력적이라고 하지 않는다면 말이다.)

가판대에 페인트칠을 다시 해야 한다. 신속히! 가판대의 현재 상태로는 고객을 많이 끌지 못할 것이 분명하므로, 밝은색 페인트를 사서 혼자서 칠하기로 한다.

당신은 동네 철물점 페인트 코너에 할인 판매하는 페인트들이 있다는 사실을 알고 있다. 철물점에 가면 페인트 몇 통을 2달러에 살 수 있을 것이다.

페인트 가게 주인아저씨는 약간 특이한 사람이다. 그 아저씨는 베레모에 긴 흰색 작업복을 입고 철물점에서 일하는데, '끌로드 아저씨'라고 이름을 부를 때만 대답한다. "안녕하세요. 끌로드 아저씨. 페인트 2통에 2달러 맞죠? 감사합니다." 페인트 하나는 밝은 노란색이고, 다른 하나는 약간 어두운 파란색이다.

당신은 가게에서 돌아와 가판대에 페인트를 칠한다. 당신이 보기에 이것은 걸작이다. 모나리자에 버금간다.

이 페인트를 어떻게 인식할 것인가?

현금이 나갔는가? 그렇다. 우리는 가판대를 칠할 페인트 구입에 2달러를 사용했다.

이 거래는 우리의 세 가지 재무제표 중 어디에 기록할까? 이 질문에 대한 답은 곧 다룰 것이다.

그 전에 잠시, 그 페인트를 개선으로 보고 자본화할 것인지, 아니면 비용화할 것인지 생각해보자.

그 페인트 가격을 유형자산에 더해, 결과적으로 자본화하고 싶은가?

그것이 가판대의 가치를 향상하는가?

아니면, 우리는 그것을 비용화해야 할까?

두 가지 모두 가능할까?

사실 두 가지 모두 가능하다. 만약 그 페인트가 접착력이 강한 웨더베스터Weather-bester 페인트이고 그 효과가 10년간 지속된다면, 우리는 어떻게 할 것인가? 자본화한다.

반대로 그 페인트가 싸구려 페인트이고, 1년 만에 색이 벗겨진다고 가정하자. 우리는 어떻게 할 것인가? 비용화한다. 그렇다면 당신은 매년 그 페인트를 사서 가판대를 칠해야 할까? 그렇다. 그것은 사업을 하는 데 드는 지속적 비용인가? 그렇다. 그럼, 유지보수 비용인가? 그렇다.

우리가 어렵게 번 돈으로 어떤 페인트를 샀는지 떠올려보자.

싼 페인트

좋다. 그렇다면 우리는 그것을 비용으로 처리하려고 하는데, 그 말은 무엇을 줄여야 한다는 의미인가? 순이익을 줄인다.

새 페인트를 비용화한 재무상태표를 완성해보자.

자산			부채	
현금			외상매입금	$24.00
			차입금	$25.00
외상매출금		$6.00	총부채	$49.00
재고자산	원재료	$10	자본	
	제품	$0		
		$10.00	초기 투자	$5.00
선급비용		$2.00	이익잉여금	$28.00
			현재까지의 주간 순이익	
유형자산			총자본	
자산총계			부채 및 자본총계	

당신은 순이익을 2달러 감소시키면서 생각지도 못했던 딜레마에 빠질지도 모른다. 현재까지의 주간 순이익은 얼마였는가? 0

당신은 그 2달러를 이익잉여금에서 빼고 싶은 유혹을 느낄 수 있다. 하지만 이익잉여금은 과거의 순이익이며, 우리는 과거를 바꿀 수 없다. 회계라는 관점에서 당신은 항상 현재 회계기간에서 일한다. 그 말은 이번 회계기간의 순이익이 현재 마이너스 2달러라는 의미다. 사업에서는 이것을 보통 '적자'라고 부른다.

이 값을 기록하기 위해 붉은색 마커펜이 필요할 수도 있고, 손실을 나타내기 위해 이 값을 괄호로 표시할 수도 있다.

어떤 일이 생긴 걸까? 그렇게 번창하고, 유망하며, 확장하던 사업이 어떻게 갑자기 적자에 빠졌는가? 간단히 설명할 수 있다. 당신은 개선하고, 매입하고, 계획하고, 꿈꾸느라 너무 바빴다. 게다가 당신은 이번 주 영업을 개시하지도 않았다!

현재까지의 주간 순이익을 보면, 우리는 적자다. 적자는 얼마인가?

2달러

우리는 페인트를 사고 현금을 지급했는가? 그 거래는 우리가 이번 주에 작성하기 시작한 현금흐름표에도 나타나는가? 그렇다.

현금이 들어왔는가, 아니면 나갔는가? 나갔다.

페인트를 산 현금이 나갔다. 앞으로 돌아가 마이너스 2달러를 현금흐름표의 지급비용 항목에 기록하라.

복습해보자. 이 거래는 세 가지 재무제표에 모두 영향을 미친다.

재무상태표에서 현금이 나간다. 우리는 그것을 비용으로 처리하는데, 그 결과 순이익이 줄어든다. 손익계산서에는 이것이 페인트 구입 비용 2달러로 기록된다. 그리고 현금흐름표에는 지급비용 항목에 마이너스 2달러가 기록된다. 맞는가?

우와, 새 레모네이드 가판대는 멋지다. 튼튼하고 지붕도 독특하다. 배색도 좋다. 당신은 이번 주 영업을 시작하기 전 한 가지 더, 정말 하고 싶은 일이 있다. 싱크대가 있다면 사업이 훨씬 더 쉬워질 것이다. 싱크대가 있다면 당신은 매일 밤 유리잔을 집으로 가져가는 대신 가판대에서 바로 씻어 다시 이용할 수 있을 것이다.

몇 군데 전화를 건다. 새 싱크대는 너무 비싸다. 하지만 괜찮은 중고 싱크대를 단돈 2달러에 파는 곳을 찾았다. 게다가 판매자가 멀지 않는

곳에 살고 있어 퇴근하는 길에 공짜로 가져다 준다고 한다. 더 좋은 점은 그 판매자가 흔쾌히 외상으로 팔았다는 것이다.

판매자는 약속대로 싱크대를 가져와서는 레모네이드 가판대에 설치하는 것을 도와주었다.

이 거래를 어떻게 나타낼까? 외상매입금을 늘린다.

얼마나 늘려야 하는가? 2달러

싱크대를 매년 바꿔야 할까? 아니다.

그것은 가판대의 기능을 향상하는가? 그렇다.

기능을 향상한다면 그것을 어떻게 인식할까? 자본화한다.

싱크대를 위한 유형자산이 추가로 필요한가? 아니다.

우리는 어떻게 할 것인가? 싱크대를 가판대에 설치한다.

그 싱크대를 가판대에 설치할 것이다. 그런가?

조금 도와준다면, 그렇다.

가판대의 가치를 향상하는가? 그렇다.

얼마만큼 향상하는가? 2달러만큼.

다음 재무상태표에 이 거래를 기록해보자.

자산		부채	
💰 현금		외상매입금	
		차입금	$25.00
📄 외상매출금	$6.00	총부채	
🗃️ 원재료 $10		**자본**	
재고자산 🫙 제품 $0	$10.00	초기 투자	$5.00
✂️ 선급비용	$2.00	이익잉여금	$28.00
		현재까지의 주간 순이익	
📰 유형자산		총자본	
자산총계		**부채 및 자본총계**	

잠깐만! 페인트는 비용으로 처리했는데, 왜 이 싱크대는 비용화하지 않는가?

이유가 있다. 우리는 매년 페인트를 사겠다고 했다. 이것은 사업을 하는 데 드는 지속적 비용이다. 그리고 그 페인트는 내용연수가 짧다. 하지만 싱크대는 몇 년을 사용할 수 있다.

우리가 가판대를 판다면, 싱크대는 가판대의 가치를 높일까? 그렇다.

만약 당신이 자산을 향상시키는 어떤 것을 더했다면 그것을 자본화한다. 당신이 자산의 가치를 향상하는 어떤 일을 한다면, 그것을 자본화한다. 가판대의 가치가 높아진다면, 우리는 설비 개량을 한 것이다.

싱크대를 사면서 현금은 영향을 받았는가? 아니다.

영향을 받지 않은 이유는 무엇인가? 외상으로 샀기 때문이다.

이 거래는 현금흐름표에 나타나는가? 아니다.

우리는 자산을 자본화했는데, 이것은 손익계산서에 비용으로 나타나는가? 아니다.

이 거래는 어디에만 보이는가? 그것은 어떤 재무제표인가?

재무상태표

당신은 너무 바쁘다. 그런데 가판대를 조정하다가 지붕널에 금이 갔다. 당신은 가판대가 멋지게 보였으면 하고 바라지만, 작은 지붕널 하나를 교체하는 데 비용이 너무 많이 들어서는 안 되겠다고 생각한다. 친구의 형에게 도움을 청하니 1달러에 수리해주겠다고 한다. 심지어 외상으로.

수선비는 비용인가? 그렇다.

얼마인가? 1달러

그 비용을 현금으로 냈는가? 아니다.

외상으로 했다. 그런가? 그렇다.

그것을 어떻게 나타낼까?

자산		부채	
현금		외상매입금	
외상매출금	$6.00	차입금	$25.00
재고자산 원재료 $10	$10.00	총부채	$52.00
제품		**자본**	
선급비용	$2.00	초기 투자	$5.00
		이익잉여금	$28.00
유형자산		현재까지의 주간 순이익	
		총자본	$30.00
자산총계		부채 및 자본총계	

외상매입금*에 1달러를 더하고, 적자를 1달러 늘린다.

균형이 맞았는가? 그렇다.

이 거래는 재무상태표의 오른쪽에만 영향을 미쳤는가? 그렇다.

지붕 수리가 설비 개량이 되는 경우는 언제인가? 완전히 새 지붕으로 바꿀 때

우리는 지붕을 원래 상태대로 되돌렸는가? 그렇다.

그것은 사업을 하는 데 드는 또 다른 지속적인 비용인가? 그렇다.

유지보수비용인가? 그렇다.

그것은 손익계산서에 나타나는가? 그렇다.

현금이 나갔는가? 아니다.

나간 현금이 없다면, 현금흐름표에 영향을 미치는가? 아니다.

위에서 언급한 4번의 거래에는 어떤 아이템을 자본화할지, 비용화할지에 대한 결정이 포함되어 있었다.

잠시 복습해보자.

사업에서는 어떤 아이템을 비용화할지, 자본화할지 어떻게 결정할까? 결정을 내리기 위한 두 가지 주요 기준이 있다.

첫째, 시간: 그 아이템은 얼마나 오래 가는가? 아이템의 지속기간이 1년을 초과하면 자본화한다. 반대로 지속기간이 1년 이

---

*엄밀히 말하면 이는 '미지급금Account payable−nontrade'에 해당하나, 이 책에서는 계정을 간소화하여 설명한 것이다.
  참고 − 외상매입금 Accounts payable
    미지급금 Accounts payable−nontrade

하라면 비용화한다.

둘째, 가격 : 당신이 쓰레기통을 샀는데, 내용연수가 1년 이상이라고 해서 그 쓰레기통을 비용화하겠는가? 아니다.

왜 그런가? 중요하지 않은 아이템이기 때문이다.

가격이 얼마나 되는지가 두 번째 기준이다. 대부분의 회사에는 정해진 가격 기준이 있다. 예를 들면 500달러, 1,000달러, 1,500달러 등이다. 그렇다면 그 기준이 500달러라고 가정하자. 회사 정책이 500달러 기준이고, 아이템의 가격이 500달러 미만이라면, 우리는 자동으로 그 아이템을 비용화한다. 반면에 아이템이 500달러를 넘는다면 우리는 그것을 자본화한다.

이제 영업을 시작할 마지막, 정말 마지막 기회다. 그런데 지금까지 발생한 일들과 이미 지나간 시간 때문에 레몬과 설탕을 사서 레모네이드를 만들 시간이 없다.

이럴 수가! 이제 어떻게 하지?

당신은 정말 그렇게 하고 싶지는 않지만, 당신이 집에서 비밀 레시피로 만든, 세상에서 제일 맛있는 레모네이드를 맛보지 못하는 것을 고객들이 이번 한 번만 이해해주기를 바란다. 당신은 만들어진 레모네이드를 현금 20달러를 주고 산다. 그 상자에는 레모네이드 100잔 분량이 들어 있다고 쓰여 있다.

어떻게 생각하는가? 좋은 생각인가? 아니다.

왜 그런가? 제품의 신선함과 독특함이 떨어지기 때문이다.

하지만 이 점을 한번 생각해보자. 만들어진 레모네이드는 어떤 것인가? 유명한 트루먼스 오운Truman's Own의 제품이다.

아이들이 그것을 사 마실까? 물론이다.

그 제품을 어떻게 사는가? 현금으로.

얼마에 사는가? 20달러

재무상태표에 나타내보자.

자산			부채	
현금			외상매입금	$27.00
			차입금	$25.00
외상매출금			총부채	$52.00
재고자산 원재료	$10		자본	
제품			초기 투자	$ 5.00
			이익잉여금	$28.00
선급비용	$ 2.00		현재까지의 주간 순이익	
유형자산	$12.00		총자본	
자산총계			부채 및 자본총계	

균형이 맞는가? 그렇다.

현금이 나갔는가? 그렇다.

우리는 현금으로 매입했다. 현금흐름표의 재고자산 매입 항목에 이 내용을 기록하라. 편의를 위해, 새 현금흐름표를 아래에 만들어두었다. 이 장에서 다룬 이전 현금 거래를 모두 다음 표에 옮기자. 그리고 만들어진 레모네이드를 매입한 내용을 기록하라. 어떤 일이 생겼는가? 현금이

현금흐름표		_____ 번째 주
수취	$	
재고자산 매입		
유형자산 투자		
지급비용		
현금 증감		$
기초 현금		+
기말 현금		$

20달러 줄었다.

레모네이드의 매입이 손익계산서에 나타나는가? 그렇다. 매출원가의 매입 항목에 20달러가 잡힌다.

그 레모네이드는 어떻게 됐을까? 놀라지 마시라. 아주 잘 팔렸다! 당신은 그 레모네이드를 50달러에 모두 팔았다. 40달러는 현금, 10달러는 외상이다. 다른 재고는 이전과 같다.

무엇이 줄었는가? 레모네이드

우리에게는 아직 오래된 레몬들이 있다. 딱 보기에도 오래돼 보이기 시작한다.

무엇이 들어왔는가? 현금

얼마나 들어왔는가? 40달러

그리고 외상매출은 얼마인가? 10달러

재무상태표의 왼쪽을 업데이트하자.

자산		부채	
현금		외상매입금	
		차입금	$25.00
외상매출금	$16.00	총부채	
재고자산 원재료 $10 제품 $0	$10.00	**자본**	
		초기 투자	$5.00
선급비용	$2.00	이익잉여금	$28.00
		현재까지의 주간 순이익	
유형자산	$12.00	총자본	
자산총계		부채 및 자본총계	

균형이 맞는가? 아직은 아니다.

그러면 우리는 무엇을 반영해야 하는가? 현재까지의 주간 순이익

매출은 50달러였다. 재고는 얼마나 들었는가? 20달러

그렇다면 이번 주 총 순이익은 얼마인가? 30달러

오늘 발생한 매출을 반영하기 전, 재무상태표에서 순이익은 얼마였는가? 마이너스 3달러

그렇다면 30달러에서 3달러를 빼면 얼마인가? 27달러

좋다. 위 재무상태표의 오른쪽을 업데이트하라.

이제 균형이 맞는가? 그렇다.

잠깐, 앞 페이지에 있는 현금흐름표로 돌아가 보자.

현금은 영향을 받았는가? 그렇다.

당신은 40달러를 받았다. 수취 항목에 플러스 40이라고 기록하라.

결국 매출이 발생했고, 그리고 더 중요하게도 현금이 들어왔기 때문

에, 식료품점 주인인 파커 아저씨와 좋은 관계를 이어가야겠다는 생각이 든다. 신사인 당신의 신용기간은 약 30일이다. 이제 기한이 다 됐다. 그래서 당신은 설탕에 대한 외상값 4달러를 지급하기로 한다.

당신은 자전거를 타고 식료품점으로 간다. "레모네이드 사업은 어때?" 파커 아저씨가 물으신다. 돈을 갚을지 걱정했다면 그런 말씀은 안 하실 것이다.

"모두 좋아요." 당신은 대답한다. "그래서 아저씨께 4달러를 갚으려고요."

파커 아저씨는 기분 좋게 4달러를 받으신다. 대신 당신에게 공짜로 과자를 주신다. 다른 사람들과 사업을 하는 것은 정말 재미있다.

좋다, 당신은 식료품점에 무엇을 주었는가? 현금

그렇다면 무엇이 나갔는가? 현금 4달러

다음 재무상태표를 작성해보자.

자산		부채	
현금		외상매입금	
		차입금	$25.00
외상매출금	$16.00	총부채	
재고자산 원재료 $10 / 제품 $0	$10.00	**자본**	
선급비용	$2.00	초기 투자	$5.00
		이익잉여금	$28.00
유형자산	$12.00	현재까지의 주간 순이익	$27.00
		총자본	$60.00
자산총계		부채 및 자본총계	

균형이 맞으려면, 오른쪽에서는 무엇이 줄어야 하는가? 외상매입금 4달러

설탕 4달러는 이전 손익계산서에 나타났는가? 그렇다.

이번 주 손익계산서에는 나타나는가? 아니다.

그것은 언제 매입으로 나타났는가? 두 번째 주에 발생했을 때

그렇다, 발생주의 방식에서 우리는 무엇을 지급하기도 전에 그것을 인식했는가? 현금

그렇다, 2주가 지난 지금, 우리는 무엇으로 갚고 있는가? 현금으로.

그 외상매입금은 이번 주 매출원가로 손익계산서에 나타나는가? 아니다.

손익계산서에는 아무 일도 일어나지 않는다.

하지만 현금에는 영향을 미쳤는가? 그렇다.

현금은 얼마나 줄어드는가? 4달러

우리는 바로 재고자산 매입 항목에 마이너스 4달러를 기록하면서 식료품점 주인인 파커 아저씨께 갚은 외상값이라고 기입할 것이다. 164페이지의 현금흐름표를 업데이트해보자.

파커 아저씨에게 외상값을 갚고 나서, 당신은 당신의 행운을 퍼뜨리기로 한다.

당신은 은행에 대출원금 25달러와 이자 2달러도 갚기로 한다. 은행 담당자는 기분 좋게 27달러를 받는다. 나오는 길에 은행 경비 아저씨가 당신에게 웃으며 "다시 방문해주세요"라고 말씀하신다.

현금이 얼마나 나갔는가? 27달러. 맞다. 원금 25달러에 2달러는 무엇이었는가? 이자

그래서 현금은 얼마나 나갔는가? 27달러

이 거래를 아래 재무상태표에 나타내보자.

자산			부채	
현금			외상매입금	$23.00
			차입금	
외상매출금		$16.00	총부채	
재고자산 원재료	$10	$10.00	**자본**	
제품			초기 투자	$5.00
선급비용		$2.00	이익잉여금	$28.00
			현재까지의 주간 순이익	
유형자산		$12.00	총자본	
자산총계			부채 및 자본총계	

균형이 맞는가? 그렇지 않다.

오른쪽을 어떻게 해야 하는가? 무엇을 빼야 하는가? 차입금, 25달러. 이제 균형이 맞는가? 아직은 아니다.

이자비용을 지급한 것도 오른쪽에 반영해야 한다. 그렇다면 순이익은 얼마나 줄어드는가? 2달러

이제, 재무상태표의 오른쪽을 완성해보자.

이제 균형이 맞는가? 그렇다. 총계가 81달러가 되어야 한다.

2달러는 이자비용이다. 은행과 사업 하는 데 필요한 비용이다.

대출을 상환한 것이 손익계산서에 나타나는가? 그렇다. 이자비용으

로 나타난다.

이자비용은 얼마인가? 2달러

현금흐름표에 영향을 미치는가? 그렇다. 현금이 나갔기 때문이다.

이제 27달러가 나갔다. 대신 우리는 이제 대출이 없다. 당신은 은행에 왜 25달러를 지급했는가? 원금 상환

그렇다면 원금 상환을 다음 현금흐름표에 기록해보자. 원금 25달러를 대출/상환 항목에(숫자들은 164페이지에서 가져와라) 기록하라.

더불어 지급비용 항목에 마이너스 2달러를 기록하라.

현금흐름표	_____ 번째 주
수취	$
재고자산 매입	
유형자산 투자	
지급비용	
대출/상환	
현금 증감	$
기초 현금	+
기말 현금	$

좋다, 이번 주를 마감하기 전에 한 가지 더 살펴보겠다. 시간 경과에 따른 유형자산의 가치를 다루는 내용이다. 이 개념을 '감가상각'이라고 한다. 감가상각은 무엇인가? 그것은 시간 경과에 따른 마모 및 쇠퇴로 인한 유형자산 가치의 감소다.

우리의 주요 유형자산인 가판대, 가판대가 있는 부지, 가판대에 설치한 싱크대를 살펴보자.

우리는 가판대를 8달러에, 부지를 2달러에 샀다.

우리는 자본화한 가판대에 무엇을 설치했는가? 싱크대

건물과 싱크대는 10달러고, 부지는 2달러다.

토지는 왜 구분하는가? 법적으로 토지는 감가상각할 수 없다.

왜 그런가? 토지를 감가상각하지 못하는 이유를 생각나는 대로 적어

보자.

_____

_____

_____

토지는 얼마나 오래 가는가? 영원히

토지는 닳는가? 아니다.

그렇다면 우리는 가판대를 감가상각할 수 있나? 그렇다.

싱크대는? 마찬가지다.

우리는 가판대 및 개선된 부분을 감가상각할 수 있나? 그렇다.

우리는 가판대가 얼마나 오래 간다고 했는가? 10년

그러면 얼마만큼 감가상각할 수 있나? 10달러

우리가 적용할 감가상각법은 정액법Straight line depreciation이다. 정액법
을 적용하기 위해서는 내용연수(10년)와 금액(당신은 얼마를 지급했는가? 10
달러) 사이에 직선을 긋는다.

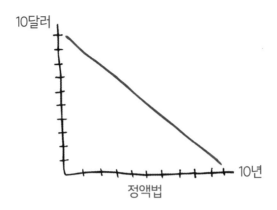

10달러

10년

정액법

정액법을 적용하면 비율은 매년 같아진다. 총 감가상각비 중 매년 얼마나 감가상각될까? 내용연수가 10년이라면 10%씩

따라서 감가상각 총액이 10달러이고 기간이 10년이라면, 우리는 매년 1달러씩 감가상각비를 인식한다. 우리가 첫해에 1달러를 인식하면, 우리의 유형자산의 가치는 그만큼 낮아질 것이다. 예를 들어 12달러였던 유형자산의 가치는 이제 11달러가 된다.

그 자산의 가치가 실제로 11달러라는 의미인가? 아니다.

장부상 가치가 11달러다. 그것을 순장부가액이라고 부른다. 당신이 어떤 유형자산의 순장부가액을 듣는다면, 그 값은 매입가격에서 감가상각비를 뺀 값을 뜻한다.

우리는 재무상태표에서 감가상각을 빨간색(마이너스)으로 나타낼 것이다. 장부상에서는 가치가 내려간다. 하지만 실제 세상에서는 가치가 오를 수도 있다.

이제 재무상태표에서, 유형자산의 가치를 1달러 낮추면 균형이 맞는

가? 아니다.

감가상각은 무엇인가? 비용. 그리고 비용은 무엇을 줄이는가? 순이익

그렇다면 우리는 어떻게 해야 하는가? 순이익을 1달러 줄인다.

다음 재무상태표에 감가상각 거래를 나타내보자.

자산			부채	
현금		$41.00	외상매입금	$23.00
			차입금	$0.00
외상매출금		$16.00	총부채	$23.00
재고자산 원재료	$10	$10.00	자본	
제품	$0		초기 투자	$5.00
선급비용		$2.00	이익잉여금	$28.00
유형자산			현재까지의 주간 순이익	
			총자본	
자산총계		‗‗‗	부채 및 자본총계	‗‗‗

감가상각이 현금에 영향을 미쳤나? 아니다. 현금 상태에 전혀 영향을 주지 않은 비용은 처음 봤다.

하지만 우리는 이것을 무엇으로 인식하는가? 비용

이제 손익계산서로 돌아가서, 이것을 어떻게 나타내는가? 감가상각비 항목으로.

이제, 우리가 꼭 기억해야 할 또 하나의 회계 규칙이 있다.

기억하라: 감가상각은 비현금비용이다.

우리의 다른 규칙들처럼, 이 규칙도 되풀이해보자.

기억하라: 감가상각은 비현금비용이다.

이것은 보험료와는 다르다. 보험료를 선급비용으로 인식하면서 우리는 첫해 보험료로 1달러를 사용했다. 우리는 총 3달러를 다시 받을 수 있을까? 아니다.

우리가 가판대와 싱크대를 팔면, 10달러를 다시 받을 수 있을까? 아마도. 더 받을 수 있을지도 모른다.

그래서 감가상각은 비현금비용이고, 어디에만 나타나는가? 재무상태표에 장부상으로만.

이제 정부에서는 당신이 싱크대와 가판대를 사는 데 10달러를 썼다고 생각하겠지만, 우리는 당신이 그 모든 금액을 비용화하게 두지는 않을 것이다. 당신은 그것을 자본화해야 한다.

하지만 그 자산들은 마모되기 시작할 것이다. 이론적으로 말이다. 따라서 우리는 당신이 1달러를 비현금비용으로 인식하게 할 것이다. 결과적으로 간단하게 매년 현금에는 영향을 미치지 않는 감가상각비만큼 자산의 장부가치를 줄일 것이다. 이것이 감가상각비가 비현금비용인 이유이다. 감가상각비는 현금을 줄이지는 않으면서, 이익과 세금을 줄이는 장점이 있다. (꽤 훌륭하지 않은가?)

이제 당신의 이번 주 마지막 재무상태표다. 완성해보자.

네 번째 주의 기말 재무상태표

이제, 현금흐름표도 완성해보자.

현금을 얼마나 받았는가? 45달러

그리고 얼마나 사용했는가? 63달러

+45달러와 −63달러다. 현금 증감은 얼마인가? −18달러.

더 자세히 살펴보기 전에, 이것을 한번 생각해보자.

만약 현금 증감이 −18달러라면, 현금이 18달러 줄었다는 뜻이다.

우리가 59달러로 가지고 이번 주를 시작했다면, 기말 현금은 얼마여야 하는가? 41달러

그래서 그것은 59달러로 시작했고, 얼마로 이번 주를 마감했다는 뜻인가? 41달러

당신의 최종 재무상태표를 보라. 현금을 얼마나 가지고 있는가?

41달러

현금흐름표는 현금이 어디로 나갔는지 정확히 알려준다. 현금흐름표는 당신의 현금 거래에 관한 기록이며, 현금이 얼마나 들어왔고, 얼마나 나갔는지에 관한 기록이다.

와! 당신은 정말 잘하고 있다. 몇 개의 장을 거치며 당신은 회계를 아주 많이 배웠다. 거기에는 세 가지 재무제표와 그 재무제표들을 활용하는 방법도 포함된다.

잘했다.

이제, 이번 주 손익계산서를 완성해보자.

당신이 정말 열심히 일하고 있고 그 일을 즐기고 있으므로 당신의 편의를 위해 이번 주에 일어났던 거래들을 정리해보았다. 당신은 다시 돌아가 이것저것 찾을 필요가 없다. 고마워하지 않아도 된다!

거래:

친구에게서 현금 5달러를 회수한다.

부지와 새 레모네이드 가판대를 10달러에 산다.

2달러에 페인트 2통을 사서 가판대를 칠한다.

싱크대를 외상(2달러)으로 산다.

외상(1달러)으로 지붕을 1달러에 고친다.

20달러를 주고 만들어진 레모네이드를 산다.

매출은 좋다. 만들어진 레모네이드를 다 팔아 50달러를 번다.

40달러는 현금매출이고, 10달러는 외상매출이다.

설탕에 대한 외상매출금 4달러를 갚는다.

대출 25달러와 이자 2달러를 상환한다.

정액법으로 건물과 개선된 부분(총 10달러)을 감가상각한다.

올해의 감가상각비 1달러를 나타낸다.

휴! 대단한 한 주였다. 잠시 숨을 고르면서, 이번 주 손익계산서를 완성해보자.

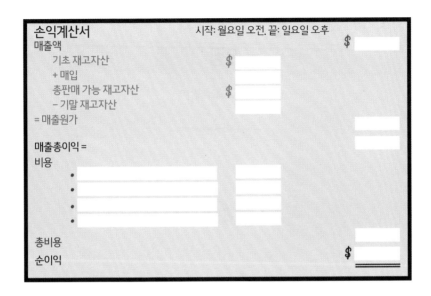

손익계산서를 살펴보자.

매출은 50달러다.

기초 재고는 10달러다.

매입은 20달러다.

따라서 총 판매 가능 재고자산은 30달러다.

기말 재고는 10달러다.

이것은 매출원가가 20달러라는 뜻이다.

당신에게 남은 매출총이익은 30달러다.

비용은 다음과 같다. 페인트 2달러, 지붕 수리비 1달러, 이자 2달러, 감가상각비 1달러. 총비용은 6달러다.

당신에게 남은 순이익은… 두두두두… 24달러다.

이것으로 또 한 주가 끝났다. 다음에는 3루를 돌아 홈으로 향한다!

8장

여름은 잘 가고 있다. 8월이 다가온다.

8월에는 가족 휴가가 있다. 휴가까지는 한 주나 두 주밖에 남지 않았고, 휴가가 끝나면 새 학기가 시작된다.

그 말은 당신이 레모네이드 가판대를 운영할 시간과 회계에 관해 배울 시간이 얼마 남지 않았다는 뜻이다.

월요일이다.

당신은 새로운 한 주를 시작하려 한다. 다섯 번째 주다. 당신이 할 첫 번째 일은 무엇인가?

지난주의 순이익을 이월한다.

맞다. 순이익을 이월하자.

자산		부채	
현금	$41.00	외상매입금	$23.00
		차입금	$0.00
외상매출금	$16.00	총부채	$23.00
재고자산 원재료 $10 제품 $0	$10.00	자본	
		초기 투자	$5.00
선급비용	$2.00	이익잉여금	
		현재까지의 주간 순이익	
유형자산 $12 $1	$11.00	총자본	
자산총계	$80.00	부채 및 자본총계	

좋다. 공식적으로 지난주는 끝났고, 이제 새로운 주에 만날 도전들과 씨름할 시간이다.

첫 번째 도전을 맞는 데는 그리 오래 걸리지 않는다. 사업이 지지부진하다. 처음에는 그 이유를 알 수 없었다. 날씨는 따뜻하고 좋다. 모든 사람이 당신의 새 가판대를 좋아하는 건 확실하다. 당신이 이제 레모네이드를 직접 만들지 않는다는 사실에 주목하는 사람은 아무도 없는 것 같다. 그렇다면 도대체 무슨 이유일까?

친구 한 명이 자전거를 타고 지나간다. 당신은 그 친구에게 레모네이드 한잔 하라고 큰 소리로 말한다. 그 친구가 소리친다. "지금은 안 돼. 공원에서 열리는 시에서 개최한 소프트볼 시합에 누나가 참가할 거야. 일찍 도착하지 않으면 자리가 없어. 모든 사람이 거기로 가고 있다고!"

아하!

많은 잠재적 고객이 공원에 있는 소프트볼 경기장에 모여 있다. 하지만 당신의 가판대는 이곳에 있다! 당신의 엄청나게 맛있는 레모네이드를 그 많은 고객에게 가져갈 수만 있다면….

아하!

당신에게는 이동 레모네이드 가판대가 필요하다. 사람들이 모인 곳으로 가져갈 수 있는 가판대 말이다. 영리한 사업가라면, 고객들을 당신이 영업하는 곳으로 오게 할 수 없을 때는 고객들이 있는 곳으로 갈 것이다.

전화번호부를 넘기며 이곳저곳에 전화를 건다. 당신은 이동식 가판대를 파는 회사를 찾는다. 하지만 가격이 수천 달러다. 살 방법이 없다. 이제 창의적으로 생각해야 한다.

어디 한번 생각해보자. 당신은 운전면허를 받기에는 너무 어리기 때문에, 자동차로 이동할 수는 없다. 당신에게는 말이나 당나귀도 없으니 스스로 끌고 가야 할 것이다. 당신도 알겠지만, 그렇게 클 필요는 없다. 재료를 넣을 만큼의 크기면 된다. 너무 비싸서도 안 된다.

음….

갑자기 정말 좋은 생각이 떠오른다. 왜건이다. 페인트를 사러 갔을 때 철물점에서 본 것과 비슷한 것 말이다. 좋아!

당신은 아빠께 부탁드려 차를 몰고 철물점으로 간다. 왜건을 파는 사

람은 끌로드 씨의 쌍둥이 여동생이다. 빨간색 체크무늬 플란넬 셔츠를 입고, 빨간색 멜빵을 하고, 울 바지를 긴 검은색 부츠 안

으로 넣은 차림이다. 빨간색 고무밴드로 긴 회색
머리를 말총머리로 묶었다. 그녀의 명찰에는 이
렇게 쓰여 있다. '환상적인 윌라 웨그너'

"왜건을 사려고요. 가격이 얼마인가요?"
당신은 그녀에게 말한다.

"최고 등급의 스페셜 모델이 있어. 최고
등급의 철로 만들었는데 녹 방지 페인트로
칠해져 있지. 펑크 방지 타이어도 있고. 오
래된 장인이 만든 환상적인 제품이란다. 10
년 정도 문제없이 쓸 수 있는데, 가격은 20달
러밖에 안 돼."

윌라 누나는 그 왜건에 대해 정확히 알고 있
었다. 당신은 그 왜건을 원한다. 그리고 그 왜
건이 필요하다. 그래서 그 왜건을 사기로 한
다.

왜건을 구입한 것을 재무상태표에 나타내자.

왜건을 살 수 있을 만큼 현금은 충분한가? 그렇다. 당신은 그 이동 가
판대를 사기 위해 현금을 꺼낸다.

왜건은 자산인가? 그렇다.

어떤 종류의 자산인가? 유형자산

얼마인가? 20달러

그 왜건을 가판대, 부지, 싱크대 같은 다른 유형자산들과 단순히 함께

묶으려 하는가? 아니다. 왜 아닌가? 그것은… 잘 모르겠다. 도움이 필요하다!

레모네이드 가판대부터, 다른 유형자산들을 살펴보자. 그 자산들은 땅에 고정되어 있는가? 그렇다. 그 자산들은 건물과 비슷하다. 그런가? 그렇다.

왜건은 어떤가? 땅에 고정되어 있는가? 아니다. 이동할 수 있다.

왜건은 건물이나 공장과 비슷한가? 아니다.

이동 가능한 유형자산을 어떻게 부를까? 장비

그렇다! 유형자산들의 타입은 서로 다르다.

그렇다면 왜건이 단지 장비라는 이유로, 재무상태표에서 다른 유형자산과 구분하는 것일까? 아니다. 다른 이유도 생각해보자.

_____

_____

또 다른 이유는 왜건이 다른 타입의 유형자산이므로 다르게 감가상각할 수 있기 때문이다.

왜건 구입을 반영하여 다음 재무상태표를 작성해보자.

자산				부채	
현금				외상매입금	$23.00
				차입금	$ 0.00
외상매출금			$16.00		
				총부채	$23.00
재고자산 원재료		$10	$10.00		
제품		$ 0		자본	
선급비용			$ 2.00	초기 투자	$ 5.00
				이익잉여금	$52.00
유형자산	$12	$1	$11.00	현재까지의 주간 순이익	$ 0.00
유형자산				총자본	$57.00
자산총계				부채 및 자본총계	$80.00

당신은 아주 늦은 토요일 오후에 소프트볼 경기장으로 향한다. 걱정할 것 없다. 저녁 경기이고, 첫 경기는 15분 뒤에 시작된다.

세상 최고의 기분으로, 이웃들을 지나 경기장으로 향한다. 당신은 결국 그 빛나는 빨간색 왜건을 샀다. 그리고 멋진 기업가적인 아이디어를 현금화하기 위해 경기장으로 가고 있다.

가는 길에, 당신은 트루먼스 오운 레모네이드를 더 사려고 파커 아저씨의 식료품점에 들른다. 하지만 가게 문이 닫혀 있다. 당신은 무슨 일일까 궁금해한다. 하지만 바로 파커 아저씨가 오늘 경기를 보기 위해 일찍 문을 닫을 거라고 말씀하셨던 것을 기억한다.

당신에게는 더 많은 재고가 필요한데, 파커 아저씨의 가게가 문을 열지 않아 약간 걱정이 된다. 하지만 계속 가보기로 한다. 그래, 경기장 근처에 분명히 가게가 있을 거야.

진짜로 경기장에서 한 블록 떨어진 곳에 가게도 있고, 문도 열었다. 당신은 자신이 운이 좋다는 것을 깨닫는다. 하지만 들어가 보니 묶음으로만 파는 창고형 가게다. 가격을 보니 어지러워진다. 이 가게에서 파는 가격은 30달러로, 파커 아저씨네 가게에서 파는 같은 양의 제품보다 10달러나 더 비싸기 때문이다.

30달러라니! 가슴이 철렁한다. 어떻게 해야 할까? 당신이 가져온 담배 상자에는 21달러밖에 없기 때문이다(마지막 재무상태표에 있던 현금이다).

당신은 심각한, 진짜 심각한 문제에 부딪힌 것 같다. 어떻게 할 것인가? 어떻게 해야 할 것인가?

어떻게 할까? 당신은 엄마 아빠께 간다! 엄마 아빠가 좋다는 게 이럴 때 아니겠는가? 좋은 생각이긴 하지만, 엄마는 에어로빅 교실에 계시고, 아빠는 실외 골프 연습장에서 운동하고 계시다는 게 생각난다. 엄마 아빠를 만날 수 없다.

그렇다면?

은행에 가서 돈을 빌린다. 은행이 토요일 오후에 문을 여는가? 그렇지 않다. 은행은 토요일에 문을 열지 않는다.

수표를 발행할 수도 있다. 그런데 은행 담당자가 좋아할까? 아니다. 그리고 경찰도 좋아하지 않을 것이다.

당신은 필사적이다. 이것은 코카콜라가 오랜 제조 공식을 버리고 '새롭게 개선된' 콜라를 출시한 이래 최악의 사업 상황이다. 그리고 포드가 엣셀Edsel 모델을 출시한 이래로! 이럴 수가! 빛나는 새 이동 가판대까지 마련했는데 판매할 레모네이드가 없다니! 어떻게 해야 할까?

이동 가판대를 판다!

경기가 몇 분 후 시작되려 한다. 이동 가판대를 팔고, 다른 가게로 가서 만들어진 레모네이드를 살 시간이 있을까? 아니다.

그뿐만 아니라, 레모네이드를 둘 장소도 있어야 한다.

할 수 있는 다른 방법이 있을까?

아직 돈을 주지 않은 친구들을 압박하라. 외상매출금 말이다.

가능할 수도 있다. 하지만 경기장에 나타난 친구들이 없다.

왜건을 다시 돌려주고 환불받을 수 있을까? 불가능하다. 윌라 누나도 경기를 보러 왔다.

레모네이드를 조금만 살 수도 있을 것이다. 그렇지 않은가?

그렇다. 밤에 문을 연 가게 중에서 당신이 원하는 브랜드를 파는 곳을 찾을 수 있다면.

좋다. 당신은 결정했다. 보험 사무실로 가서 보험료를 돌려받는 것이다. 하지만 보험 사무실도 문을 열지 않았다.

필사적인 사람은 필사적인 조치를 취하기 마련이다. 자랑할 만한 순간이 아니다. 60년 후 손자들에게 들려줄 만한 이야기도 아니다. 당신은 오래된 재고를 사용하기로 한다. 하지만 그 재고는 얼마나 오래되었는가? 몇 주 지났다. 그 재고를 사용할 수 있을까? 보건당국의 방문이나 소송을 원한다면.

좋다. 그렇다면 많은 스타트업은 어떻게 하는가?

주식을 팔고 상장한다.

소프트볼 경기에서 그게 가능한가? 아이디어들이 점점 더 안 좋아진다. 시도할 수 있는 것이 아무것도 없을까?

마지막으로 친구들에게 조언을 청한다. 한 친구가 말한다. "여름 내내 이월한 이익잉여금을 자랑했었잖아. 그걸 쓰는 건 어때?"

아, 정말 좋은 친구다!

이 방안을 시도해보기로 한다.

당신은 가게로 돌아가 점원에게 말한다. "트루먼스 오운을 좀 사려고요. 만들어진 레모네이드요."

"알겠다, 가져다주마." 점원은 대답한다.

당신은 두 사람이 아주 가까워 보인다는 점원들의 이야기를 듣고 행복감과 안도감을 느낀다.

"얼마인가요?" 제품에 붙은 높은 가격을 당신이 잘못 읽은 거라고 기대하며 묻는다.

"30달러." 점원은 답한다. "우리는 수축 포장된 제품만 판단다."

"멋져요. 살게요." 당신은 말한다.

"어떻게 지급할 거니?" 점원이 당신에게 묻는다.

"현금으로 21달러, 이익잉여금으로 9달러 드릴게요."

"미안하지만, 현금만 된단다." 점원은 말한다.

당신은 21달러를 꺼낸다.

"충분하지 않은데. 나머지는?" 점원이 묻는다.

"이익잉여금으로 9달러가 있어요. 제 순이익은 현금과 같아요." 당신은 주장한다.

"우리가 받는 것은 녹색 돈이란다. 진짜 돈 말이야." 점원은 계속해서 말을 한다. "녹색 돈 21달러는 보이는구나. 네 순이익도 녹색이니?"

"그게, 정확하지는 않아요. 검은색이에요. 흑자니까요." 당신은 대답한다. "하지만 제 이익잉여금을 받아주시면 안 돼요? 제발요. 제발, 제발, 제발, 제발요. 제 순이익을 쓸 수 있다고 들었어요. 유일한 차이가 있다면 현금은 녹색이고, 순이익은 검은색이라는 거죠."

"유감스럽지만 안 된단다." 점원은 말한다. 그렇게 말하면서 미소를 짓더니, 어깨를 으쓱하더니 가버린다.

당신은 순이익을 쓸 수 있을까? 아니다. 당신은 순이익을 쓸 수 없다.

당신은 어떤 것만 쓸 수 있는가? 현금

이 상황이 너무나 당황스럽다. 당신은 생각한다. 내가 내 순이익을 쓸 수 없다면 그게 무슨 소용이란 말인가? 그런데 그것이 현금이 아니라면, 그것은 어디에 있다는 말인가? 당신은 곧 알게 될 것이다.

당신은 절실하다. 부족한 것은 단지 몇 달러인데, 누구도 당신에게 도움을 줄 수 없다. 레모네이드를 훔쳐야 할지도 모른다. 이런, 훔친다고? 그러고 싶은가? 나는 그렇게 생각하지 않는다.

파커 아저씨는 당신에게 외상으로 파셨다. 창고형 매장의 이 멋진 점원도 레모네이드를 외상으로 팔지도 모른다.

그 점원을 따라간다. 당신은 그 점원이 수축 포장된 이쑤시개 상자의 먼지를 털고 있는 것을 발견한다.

당신은 자신감을 전부 끌어내 말한다. "제가 현금으로 21달러를 내고 나머지는 외상으로 해주셨으면 해요. 가능할까요?"

"애야, 난 너를 모르잖니. 네가 외상을 갚을지 어떻게 알 수 있겠니?" 점원은 대답한다.

"저 건너편에 있는 식료품점의 주인이신 파커 아저씨께 전화해 물어보시는 건 어떠세요? 그분과 외상 거래가 있었는데 모두 상환했어요." 하지만 당신은 다른 사람들처럼 파커 아저씨가 경기장에 있다는 사실을 다시 떠올린다.

당신은 점원에게 간청한다. 부탁한다. 당신은 행운을 위해 항상 소중하게 주머니에 넣어두는 빛나는 돌을 맡기겠다고 제안한다.

결국 점원은 당신을 위해 매니저에게 말해보기로 한다. 그리고 정말 기적같이, 매니저는 당신에게 외상으로 팔기로 한다. 매니저는 파커 아저씨에 관해 몇 가지 이야기하더니 파커 아저씨와 외상 거래를 할 수 있는 사람이면 자신의 가게에서도 외상으로 거래할 수 있다고 말한다.

당신은 점원에게 현금을 얼마나 주었는가? 21달러

점원은 당신에게 레몬을 얼마어치 주었는가? 30달러어치

이 거래를 나타내보자.

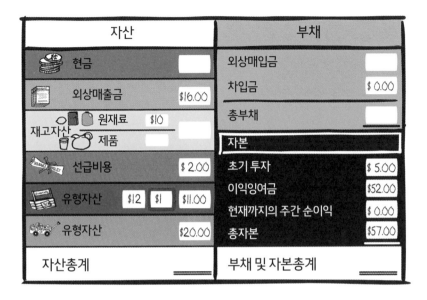

자산				부채	
현금				외상매입금	
				차입금	$ 0.00
외상매출금			$16.00		
원재료	$10			총부채	
재고자산 제품					
				자본	
선급비용			$ 2.00	초기 투자	$ 5.00
				이익잉여금	$52.00
유형자산	$12	$1	$11.00	현재까지의 주간 순이익	$ 0.00
유형자산			$20.00	총자본	$57.00
자산총계			___	부채 및 자본총계	___

어떻게 균형을 맞출 수 있을까? 외상매입금에 9달러를 더한다.

균형이 맞는가? 그렇다.

잠시 우리의 재무상태표를 보자.

어떤 사람이 이 재무상태표를 당신에게 보여준다면, 당신은 이 사업에 대해 어떻게 말하겠는가? 수익성이 좋은가? 자산이 많은가?

사업을 시작하고 첫 4주 동안 정말 좋았다.

문제가 있는가? 당연히 있다.

우리의 현금 상황은 어떤가? 묻지 마시라.

그러지 말고, 무엇이 문제인가? 현금이 없다.

비가 내려 사람들이 모두 집으로 돌아가 아무도 레모네이드를 사지 않는다면 무슨 일이 생길까? 판매로 들어오는 현금이 없다.

우리는 자산이 많다. 단지 무엇이 많지 않을 뿐인가? 현금. 솔직히 현금이 없다. 0이다! 완전히 제로다!

하지만 우리 재무상태표에는 이익잉여금이 많다. 이익잉여금은 현금이 아닌가? 이익잉여금이 은행에 있는 건 아닐까? 우리는 순이익을 이월했다. 계좌에 있는 건 아닐까?

그 질문은 여름 내내 사업한 만큼이나 가치 있는 질문이다.

당신은 사람들이 이렇게 말하는 것을 들었을지도 모른다. "순이익을 써야지." 하지만 방금 우리는 무엇을 배웠나? 장사하는 사람은 순이익을 가져갈 수 없다. 당신은 현금만 쓸 수 있을 뿐이다.

순이익이 현금이 아니라면 우리의 이익잉여금은 어디 있는가? 현금처럼 사용할 수 없는 것은 확실하다.

그렇다면 그 순이익은 어디에 잠겨 있는가? 자산, 재고, 장비에.

이제, 이것은 이번 여름 전체만큼이나 가치 있는 것이기 때문에 잊어서는 안 된다.

순이익은 현금이 아니다.

기억하라. 스코어카드의 왼쪽은 우리 가판대에 나와 있는 것을 반영한다. 현금이나 재고로 가지고 있는 것 등이다. 재무상태표에서 각 항목을 살펴보자. 가판대와 싱크대를 나타내는 항목을 찾아보자. 왜건, 썩은 레몬들, 보험증권, 친구에게 받을 외상매출금을 나타내는 항목도 찾아보자.

그리고 오른쪽은 그것들을 누가 소유하는지 혹은 누가 제공했는지에 관한 장부상 기록이다. 진실은 오른쪽에 있는 모든 것은 장부에 기록된 것에 지나지 않는다는 것이다. 부채는 우리가 다른 사람에게 얼마나 빌렸는지를 보여주고, 자본(이익잉여금 포함)은 단순히 자산 중 어느 정도가 저당 잡히지 않은 우리 소유인지를 나타낸다.

그만큼의 현금을 꺼내 왜건을 사는 게 현명한 전략이었는가? 아니다.

수익성이 좋은 사업도 어려움에 빠질 수 있는가? 물론이다.

무엇으로 매일매일 사업을 운영하기 때문인가? 이익인가? 아니다. 현금으로 매일의 사업을 운영한다.

만약 당신이 이 책에서 다른 것들을 기억하지 못한다 하더라도, 반드시 이것만은 기억하라!

현금으로 매일의 사업을 운영한다.
이익이 아니다.

이익과 현금은 같은가? 아니다.

사업의 원동력이자 혈액과도 같은, 그것은 무엇인가? 현금

사실 이익은 당신이 얼마나 벌었는지 나타낼 뿐이다. 당신의 매출이 원가를 넘겼는지 알려준다. 그리고 당신의 초기 투자와 이익을 합쳤을 때, 총자산 중 얼마나 당신에게 귀속되는지 알려줄 뿐이다.

짧은 기간이라면 이익 없이 사업을 운영할 수 있는가? 그렇다.

현금이 없다면 얼마나 사업을 운영할 수 있을까? 하루도 힘들다.

당신이 재무제표를 봤는데, 그것이 금액으로 표시되어 있고 이익잉여

금에 52달러가 있다면, 당신은 이렇게 생각할 수도 있다. "이런, 내 은행 계좌 어딘가에 52달러가 있는 게 틀림없군."

은행에 당신의 돈이 있는가? 그렇지 않다.

그것은 정말, 정말로 중요한 차이다.

우리의 레모네이드 가판 사업은 성공적이었고 수익성도 좋았다. 우리는 이익을 거두면서 많은 현금을 벌었다. 하지만 우리는 그 현금을 재고, 건물, 보험료, 왜건 등에 사용했다. 외상매출금은 고객들이 아직 돈을 갚지 않았기 때문에, 이익 중 일부가 현금으로 전환되지 않았다는 것을 나타낸다. 이익을 내는 것은 아주 중요하지만, 이익을 냈다고 해서 현금이 있다는 것을 뜻하지는 않는다.

다행히도 비는 내리지 않는다. 당신의 레모네이드를 보고 모두 이동 가판대 앞에 모인다. 놀라지 마시라.

매출은 좋다. 당신은 만들어진 레모네이드를 모두 팔아 현금 50달러를 번다. 당신의 다른 재고는 똑같이 남아 있다. 안도의 한숨을 쉰다.

지금 일어난 일을 살펴보자.

무엇이 나갔는가? 30달러어치의 재고

무엇이 들어왔는가? 현금

얼마나 들어왔는가? 50달러

그에 따른 순이익은 얼마인가? 20달러

그리고 현금흐름표에서 그것은 무엇인가? 수취

다음 재무상태표를 완성해보자.

자산			부채	
현금			외상매입금	$32.00
외상매출금		$16.00	차입금	$0.00
재고자산 원재료	$10		총부채	$32.00
제품			**자본**	
선급비용		$2.00	초기 투자	$5.00
유형자산	$12 $1	$11.00	이익잉여금	$52.00
			현재까지의 주간 순이익	
유형자산		$20.00	총자본	
자산총계			부채 및 자본총계	

당신은 좋은 날씨와 운, 약간의 경영기법으로 곤경을 타개한 당신 자신에게 현금 4달러의 급여를 주기로 한다. 결국 해냈다! 사업을 시작한 지 다섯 번째 주이고, 그동안 당신이 해낸 일들을 돌아보면 스스로 자격이 있다는 생각이 든다.

무엇이 나갔는가? 현금 4달러. 소유주에게 지급한 급여는 비용이다.

이것이 순이익을 얼마나 줄이는가? 4달러

이 거래를 반영해 재무상태표를 완성해보자.

자산		부채	
💰 현금		외상매입금	$32.00
📄 외상매출금	$16.00	차입금	$0.00
재고자산 🥫🥫 원재료 $10		총부채	$32.00
🫐 제품 $ 0	$10.00		
		자본	
✂️ 선급비용	$2.00	초기 투자	$5.00
📰 유형자산 $12 $1	$11.00	이익잉여금	$52.00
		현재까지의 주간 순이익	
🛒 유형자산	$20.00	총자본	
자산총계		**부채 및 자본총계**	

이제 당신은 회복되었고, 앞을 내다볼 수 있다. 당신은 재무적으로, 이동 가판대를 감가상각해야 한다는 사실을 깨닫는다. 그 가판대는 당신의 소유다.

건물을 감가상각할 때 우리는 어떤 방법을 사용했는가? 정액법

정액법은 건물에 적용할 수 있는 유일한 방법이다. 하지만 장비를 감가상각할 때는 선택의 여지가 있다. 정액법이나 가속상각법을 사용할수 있다.

지난 몇 년간 자산을 감가상각한 사람 중 일부는 정부에서 우리가 감가상각할 때 사용하는 수식을 자주 바꾼다는 것을 알아챘을 수도 있다.

우리가 사용하는 방식은 이중체감법(정액법에 2를 곱한 방법)이다. 1.5배체감법이라는 방식도 있다. 가속원가회수법ACRS: Accelerated Cost Recovery System이라는 방식이 있고, 수정가속원가회수법MACRS: Modified Accelerated

Cost Recovery System이라는 방식도 있다.

정부에서는 자산을 상각하는 기간과 상각하는 비율을 자주 바꾼다. 우리는 가속상각법 중 이중체감법을 적용하기로 한다.

왜건의 내용연수는 얼마인가? 10년

왜건의 원가는 얼마인가? 20달러

정액법으로 감가상각한다면 어떻게 될까? 매년 얼마씩인가? 2달러. 정액법으로는 연간 2달러다.

우리는 정액법이 아닌 이중체감법을 사용하고 있다. 첫해 우리의 감가상각비는 얼마일까? 4달러

이동 가판대에서 4달러를 빼면 재무상태표에는 어떻게 나타나는가? 유형자산의 가치가 줄어든다.

이 거래를 나타내보자.

자산				부채	
현금			$46.00	외상매입금	$32.00
외상매출금			$16.00	차입금	$0.00
재고자산 원재료	$10		$10.00	총부채	$32.00
제품	$0			**자본**	
선급비용			$2.00	초기 투자	$5.00
유형자산	$12	$1	$11.00	이익잉여금	$52.00
유형자산	$20			현재까지의 주간 순이익	
				총자본	
자산총계			‗‗‗	부채 및 자본총계	‗‗‗

좋다. 이제 현재 이동 가판대의 가치는 얼마인가? 16달러

이제 감가상각이 무엇인지 알겠는가? 비용

비용은 순이익에 어떤 영향을 주는가? 순이익을 줄인다.

왜건의 감가상각에서 그것은 순이익에 어떤 영향을 주는가? 순이익을 4달러 줄인다.

순이익은 줄어 얼마가 되는가? 12달러

이것은 현금흐름표에 나타나는가? 아니다. 기억하라. 감가상각비는 비현금비용이다.

손익계산서에는 나타나는가? 나타난다, 비용으로.

그렇다면 우리는 첫해에 2달러 대신, 4달러를 인식할 것이다.

감가상각 공식에서 키워드는 '기초가액'이라는 용어다.

기억하라: 감가상각은 비현금비용이다.

왜건의 원가, 즉 기초가액은 얼마인가? 20달러

이제, 첫해에 4달러를 뺀다. 새로운 기초가액은 얼마인가? 16달러. 여전히 10년짜리 자산이다. 기초가액이 16달러인 10년짜리 자산에 대해 정액법을 적용한 감가상각비는 얼마인가? 1.6달러. 그 값에 2를 곱하면? 3.2달러. 그래서 두 번째 해의 감가상각비는 얼마인가? 3.2달러. 세 번째 해의 새로운 기초가액은 얼마인가? 12.8달러(16달러에서 3.2달러를 뺀 값). 세 번째 해에 정액법을 적용한 감가상각비는 얼마인가? 1.28달

러. 그 값에 2를 곱하면? 2.56달러

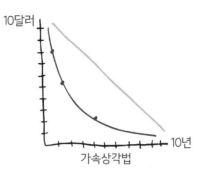

가속상각법

당신은 이중체감법에 대해 살펴보고 있다. 다음 해는 2.04달러이고, 그다음 해는…. 그래프로 그리면 다음과 같다. 4달러, 3.20달러, 2.56달러, 2.04달러…. 그래프의 곡선이 하향하는 것을 볼 수 있다.

초반에 감가상각비를 더 많이 인식하고, 후반에 더 적게 인식한다. 좋은 것인가? 그렇다.

좋은지 나쁜지를 판단하는 또 다른 방법은 당신이 현재의 세금을 절감하고 있는지, 미래의 세금을 절감하고 있는지다. 왜냐하면 인플레이션 때문에 현재에 돈을 절감하는 것이 미래에 돈을 절감하는 것보다 낫기 때문이다.

정부에서는 마모 때문에 조기에 대체될 자산에 대해서는 가속상각법을 채택할 수 있게 한다. 이것이 경제를 촉진하는 자산을 사고팔게 하면서 비즈니스를 지원하는 정부의 방식이다. 하지만 이것은 가속상각법을 채택하는 이유 중 일부에 불과하다.

이제 우리는 모든 회사에 영향을 미치는 마지막 주제를 다루려고 한다. 바로 세금이다.

당분간은 이번 주 이익에만 집중하자. 당신은 이제 정부에 세금이라는 빚을 졌다. 이번 주 우리의 이익은 12달러다. 세율은 25%다. 이익이

12달러이고 세율이 25%라면 세금은 얼마인가? 3달러

이 때문에 순이익이 얼마로 줄어드나? 9달러

우리가 세금을 빚졌다고 말한 것을 기억하라. 우리가 그것을 지급했다고 하지는 않았다.

이제 이번 주의 재무상태표, 손익계산서, 현금흐름표를 작성해보자. 지급해야 할 세금도 포함하자. 실제 회사의 재무상태표에 더 가까운 양식으로 만들어보았다. 이 표를 완성할 수 있는가?

현금	$ _____	외상매입금	$ _____
외상매출금	$ _____	차입금	$ _____
		미지급 세금	$ _____
재고자산	$ _____	부채 총계	$ _____
선급비용	$ _____		
유동자산 총계	$ _____	자본	
		초기 투자	$ _____
총유형자산	$ _____	이익잉여금	$ _____
감가상각누계액	$ _____	현재까지의 주간 순이익	$ _____
순유형자산	$ _____	자본총계	$ _____
자산총계	$ _____	부채 및 자본총계	$ _____

현금, 외상매출금, 재고자산, 선급비용은 우리가 유동자산이라고 부르는 항목들이다. 유동자산이란 1년 안에 현금으로 전환할 수 있는 자산이다. 총유동자산은 74달러다.

당신은 유형자산과 감가상각을 색깔로 나타내지 않았다. 유형자산에는 3개 항목이 있다. 총유형자산은 모든 유형자산의 총매입가격이다. 감가상각누계액은 자산에 대해 현재까지 인식한 총감가상각액을 나타낸다. 그리고 순유형자산은 당연히 이 두 값의 차이다. 자산의 순장부가액

이라고도 한다. 이 3개 항목을 구분하면 총유형자산 가액과 감가상각누계액을 비교하기 쉬운 장점이 있다. 그 비교를 통해 상대적으로 우리 회사의 유형자산이 새것인지 알 수 있다.

순유형자산 가액은 얼마인가? 27달러

그리고 자산총계는? 101달러

납세 의무 3달러를 포함한 부채 총계는 얼마인가? 35달러

자본총계는 얼마인가? 66달러

균형이 맞는가? 그렇다.

이번 주 손익계산서와 현금흐름표를 작성하기 전에 다시 한번 거래들을 정리해보자.

거래:

현금 20달러를 내고 이동 가판대를 샀다.

이 이동 가판대의 내용연수는 10년이다.

만들어진 레모네이드를 좀 더 샀고, 매입 가격은 30달러로 늘어났다.

(하지만 현금으로 21달러만 냈고,

9달러는 외상으로 샀다는 사실을 기억하라.)

잔당 50센트인 레모네이드 100잔을 팔아 현금 50달러를 벌었다.

자신에게 급여로 현금 4달러를 주기로 했다.

가속상각법(이중체감법)으로 이동 가판대를 감가상각한다.

첫해의 모든 감가상각을 포함하라.

세전 순이익의 25%를 세금으로 낸다.

손익계산서　　　　　　　시작: 월요일 오전. 끝: 일요일 오후

매출액　　　　　　　　　　　　　　　　　　$

　　기초 재고자산　　　　　　　$

　　+ 매입

　　총판매 가능 재고자산

　　− 기말 재고자산　　　　　　　　　$

= 매출원가

매출총이익 =

비용

　•

　•

총비용

세전 순이익(매출총이익-비용)

세금

세후 순이익　　　　　　　　　　　　　$

좋다. 손익계산서를 살펴보자.

매출액은 얼마인가? 50달러

기초 재고는 얼마인가? 10달러

매입은 얼마인가? 30달러

총 판매 가능 재고자산은 얼마인가? 40달러

기말 재고는 얼마인가? 10달러. 이런! 우리 재무제표에는 오래되고, 이제 아주 의심스러운 레몬이 있다. 우리는 이 썩은 레몬을 어떻게 할지 곧 생각해야 할 것이다.

매출원가는 얼마인가? 30달러

이번 주 매출총이익은 얼마인가? 20달러

비용은 얼마인가? 급여 4달러와 감가상각비 4달러

총비용은 얼마인가? 8달러

그렇다면 우리의 세전 순이익은 얼마인가? 12달러

정부는 얼마나 가져가는가? 3달러

우리에게 남는 세후 순이익은 얼마인가? 9달러

이제 이번 주 현금흐름표를 완성해보자.

현금흐름표		_____ 번째 주
수취	$	
재고자산 매입		
유형자산 투자		
지급비용		
현금 증감		$
기초 현금		+
기말 현금		$

현금 증감은 얼마인가? +5달러

기초 현금은 41달러였으니 기말 현금은 46달러이어야 한다. 맞는지 확인해보라.

맞았다면, 이제 또 다른 한 주를 끝낸 것이다. 당신은 아주 잘하고 있다. 당신은 정말로 레모네이드 사업을 즐기고 있고, 회계에 관해서도 잘 배우고 있다.

당신이 쉬기에는 아직 이르다는 뜻은 아니다. 당신은 쉴 준비가 되었다. 특히 가족들과 함께 차에 올라 가장 좋아하는 곳으로 가고 싶다면, 그곳은 어디일까? (답을 써보자.)

_____

_____

_____

엽서 보내는 것도 잊지 말기 바란다. 오케이?

음, 당신은 가족과 함께 간 여행에서 최고의 시간을 보냈다. 근사한 디저트를 주문했고, 당신이 집에 있을 때는 부모님이 절대 데리고 가시지 않을 법한 음식점에서 식사도 했다. 호텔 방에서 텔레비전도 많이 봤다. 당신은 자연을 만끽했다. 부모님이 주신 돈도 모두 썼다. 심지어 영원히 간직하겠다고 스스로 다짐한 것들을 사기 위해 당신이 힘들게 번 돈을 썼다.

이제 당신은 집에 왔다. 그리고 놀라면 안 된다! 당신은 몇 주 후에는 학교로 돌아가야 한다. 여름은 거의 끝났다. 헝클어진 정신을 추스르고 읽기, 쓰기 그리고 수학 수업을 준비할 때다.

사실 학교로 돌아갈 시간이 얼마 남지 않았을 때, 당신은 레모네이드 사업을 그만두기로 한다. 적어도 이번 여름 동안은 말이다. 그렇다. 말하자면 가게를 닫고, 청구서를 처리하고, 최종 재무제표를 완성할 시간이다.

지난주의 최종 재무상태표를 살펴보고, 여름 동안 발생한 세금을 반영해 수정해보자. 모든 세전 순이익에 대해 세금을 내야 하기 때문인가? 그렇다. 다음은 복습을 위한 최종 재무상태표이다.

자산		부채	
현금	$46.00	외상매입금	$32.00
		차입금	$ 0.00
외상매출금	$16.00	미지급 세금	$ 3.00
재고자산 원재료 $10 제품 $0	$10.00	총부채	$35.00
선급비용	$ 2.00	**자본**	
		초기 투자	$ 5.00
유형자산 $12 $1	$11.00	이익잉여금	$52.00
		현재까지의 주간 순이익	$ 9.00
유형자산 $20 $4	$16.00	총자본	$66.00
자산총계	$101.00	**부채 및 자본총계**	$101.00

지난주 세전 순이익은 12달러(현재까지의 주간 순이익 9달러에 세금 3달러를 다시 더한다)였고, 이익잉여금은 52달러였다. 세전 순이익과 이익잉여금을 더한, 여름 동안 거둔 총 세전 순이익은 64달러다. 세율은 25%로 계산하자. 그래서 우리가 내야 할 세금은 얼마인가? 16달러

이제 새로운 재무상태표를 완성해보자.

자산				부채	
현금			$46.00	외상매입금	$32.00
외상매출금			$16.00	차입금	$0.00
재고자산 원재료	$10			미지급 세금	
제품	$0		$10.00	총부채	
선급비용			$2.00	**자본**	
유형자산	$12	$1	$11.00	초기 투자	$5.00
유형자산	$20	$4	$16.00	이익잉여금	
				현재까지의 주간 순이익	
				총자본	
자산총계			$101.00	**부채 및 자본총계**	

그 오래되고 이제는 상당히 볼품없어진 레몬을 냉장고 안에 둘 것인가? 절대 그렇지 않다. 엄마와 아빠는 그 레몬들이 없어지길 바라신다. 그것도 빨리!

우리가 살펴봐야 할 또 다른 재고 시스템이 있다. 그것은 FISH라고 한다. 먼저 들어와서First In, 아직 여기 있다Still Here라는 뜻이다. 어떤 상태로? 썩은, 그것도 많이 썩은 상태로.

이 레몬들을 어떻게 해야 할까? 버린다.

맞다. 그런데 회계적으로는 이 레몬들을 어떻게 해야 할까?

장부에서 정리한다.

이 레몬들을 없애자. 재무상태표의 왼쪽에서 무엇이 없어지는가? 재고. 그리고 그 때문에 오른쪽에서는 무엇이 줄어드는가? 순이익계속해보자.

자산				부채	
현금			$46.00	외상매입금	$32.00
				차입금	$ 0.00
외상매출금			$16.00	미지급 세금	
재고자산	원재료			총부채	
	제품	$ 0		**자본**	
선급비용			$ 2.00	초기 투자	$ 5.00
유형자산	$12	$1	$11.00	이익잉여금	
				현재까지의 주간 순이익	
유형자산	$20	$4	$16.00	총자본	
자산총계			_____	**부채 및 자본총계**	_____

문제가 있는가? 그렇다면 미지급 세금이 문제의 근원일 수 있다. 이유는 무엇일까? 10달러어치의 재고를 장부에서 정리한 것이 세금에 영향을 미치는가? 그렇다. 순이익과 세금을 재계산해보자(반올림하라).

장부에서 정리하기 전	
세전 순이익	세금 25%
$_____	$_____
장부에서 정리한 후	
세전 순이익	세금 25%
$_____	$_____

이제 필요하다면, 최종 재무상태표를 수정하자.

균형이 맞는가? 그렇다.

손익계산서에서 어떻게 재고를 정리할 수 있을까? 당신은 이렇게 말할지도 모른다. "비용화하자." 그런데 지금 기말 재고는 얼마인가? 0.

그것을 비용화하는 대신, 우리는 그 재고를 장부에서 정리할 것이다. 어디에서? 기말 재고에서.

기말 재고를 0으로 만들어라. 우리는 그것이 제품의 원가, 즉 재고이기 때문에 재고에서 정리한다.

결과적으로 이번 주의 손익계산서에서 매출원가는 좀 더 높고, 매출총이익은 좀 더 낮게 될 것이다.

이전에 우리가 영업하는 동안 재무제표를 작성하면서, 우리는 재고의 가치를 평가하는 데 약간 창의적이었는가? 그렇다.

자산이 과대평가되었을 수도 있는가? 그렇다.

레몬이 상했는가? 그렇다.

당신은 그 레몬들의 상태가 언제 나빠졌는지 아는가? 정확히는 모른다. 실제로 레몬이 상한 게 두 번째 주였는지, 세 번째 주였는지, 네 번째 주였는지 모른다. 맞다. 그래서 그 레몬들을 언제 장부에서 정리해야 하는가? 정확히 말하기 힘들다.

레몬이 상하는 순간 어떻게 해야 했을까? 그때 그 레몬들을 버리고 장부에서 정리해야 했다.

재무제표 없이 은행에 갔을 때, 우리는 무엇을 하고 있었나? 자산의 실제 가치를 과장하거나 부풀리고 있었다.

얼마만큼 부풀리고 있었는가? 10달러만큼

또 과장하고 있었던 것이 있었나? 우리의 순이익

왜냐하면 기말 재고 항목에 어떤 값을 기입해야 했기 때인가? 0, 오래 전에 말이다.

당신의 재고가 부품이라면 어떻게 될까? 아니면 너트와 볼트라면, 혹은 마모되지 않는 것이라면 어떻게 될까? 당신은 그 재고의 상태가 좋은지 나쁜지 알기 위해 창고에 갔다면 무엇을 보았을까? 먼지. 그리고 거기 또 무엇이 있었을까? 거미줄, 아마도 말이다.

만약 당신이 어떤 회사를 사거나 어떤 회사에 돈을 빌려주려고 하는데, 가서 재고를 살펴본다면 무엇을 발견하게 될까? 거미줄과 먼지

그렇다면 재고에 관한 어떤 사실을 알게 될까? 오래되었다는 것

그리고 또? 그 재고가 아주 잘 팔리지는 않겠다는 것

이제 그것이 당신의 사업이고, 그 사업을 팔고 싶다고 해보자. 당신에게 그런 재고가 있다면 어떻게 할까? 사업을 인수할 사람을 위해 깨끗이 청소한다.

그렇다, 진공청소기를 꺼내라. 먼지가 털렸는지 확인하기 위해 재고를 선반에서 내려라. 당신은 그 재고가 새것처럼 보이기를 바란다.

사람들이 때때로 창의적이 될 수 있는 또 다른 항목이 있을까?

당신의 재무상태표로 돌아가 보자. 현금이 얼마나 있는지 어떻게 알 수 있는가? 현금을 세어본다.

외상매출금에 관해서는 어떤가? 장부를 확인하거나, 고객에게 전화해 그 고객들이 갚아야 할 금액에 동의하는지 물어본다.

선급 보험료는 어떤가? 날짜를 확인하기 위해 보험증서를 읽어본다.

가판대는 어떤가? 밖으로 나가 살펴본다.

그 자산들의 상태가 아직 좋은지 나쁜지 결정하기 쉬운가? 쉽다.

반면 재고는 당신의 사업을 매각하거나 다른 사업을 인수할 때, 결정하기 가장 힘든 부분이다. 최고의 전문 기술과 도움이 필요하다. 많은 사람이 자신의 재고를 평가할 때 창의적이 되기 때문이다. 당신이 여전히 재고가 있는 사업을 팔거나 사려고 한다면, 재고의 실제 가치를 결정할 전문가를 찾아야 한다.

엄마는 항상 우리 방이 깨끗한지 반복해서 물어보신다. 집을 팔려고 할 때는 특히 더 그렇다. 사업도 마찬가지다. 우리 재무상태표도 깨끗하게 만들자.

우리가 공급업자에게 갚아야 할 돈은 얼마인가? 32달러. 공급업자에게 그 돈을 지급하라.

그리고 세금 14달러도 내야 한다.

아직도 받지 못한 16달러도 회수하자.

그리고 보험 계약을 해지하고 2달러를 돌려받자.

잘했다. 여름이 끝나는 시점에서, 우리의 상태를 다음 재무상태표에 나타내보자.

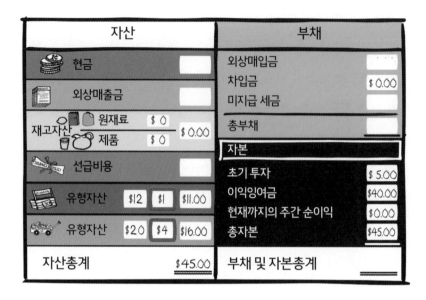

자산				부채	
현금				외상매입금	
외상매출금				차입금	$ 0.00
				미지급 세금	
재고자산 원재료	$ 0		$ 0.00	총부채	
제품	$ 0				
선급비용				**자본**	
				초기 투자	$ 5.00
유형자산	$12	$1	$11.00	이익잉여금	$40.00
				현재까지의 주간 순이익	$0.00
유형자산	$20	$4	$16.00	총자본	$45.00
자산총계			**$45.00**	**부채 및 자본총계**	

우리에게는 아직 초기 투자 5달러와 이익잉여금 40달러가 있다. 즉 총자본은 45달러다. 하지만 우리에게 현금은 얼마뿐인가? 18달러

다시 한번, 당신은 이전에 배운 지식을 떠올릴 수 있다. 당신에게는 자본으로 45달러가 있지만, 현금으로는 18달러밖에 없다. 왜 그런가? 자본 중 27달러는 건물과 왜건에 잠겨 있기 때문이다.

당신은 내년을 대비하기에 여전히 좋은 상태인가? 아니면, 건물과 왜건을 현금화해야 하는가? 그것은 선택의 문제다.

그렇다. 선택의 문제다. 레모네이드 사업을 계속하기로 한다면, 당신은 가판대와 왜건을 가지고 있으니 내년 여름을 위한 준비는 이미 되어 있다. 물론 부정적인 부분은 당신이 가진 현금이 18달러뿐이라는 점이다. 그렇게 많은 건 아니다.

건물과 왜건을 현금화하려면, 살 사람을 찾아야 하는데 쉽지 않을 수도 있다. 이것이 그 두 가지가 자산 중에서 마지막 순서에 있는 이유다. 일반적으로 재무상태표에서 자산은 유동성이 높은 순서대로 나열된다 (유동성이란 어떤 것이 얼마나 빨리 현금으로 전환될 수 있는지를 뜻한다).

당신이 장부가치를 초과하는 가격으로 유형자산을 판다면, 그 초과분을 이익으로 인식해야 한다. 그 자산을 장부가치보다 낮게 판다면, 손실을 인식한다.

좋다. 이번 여름 전체 기간에 대한 최종 손익계산서를 작성해보자.

이를 위해 당신은 지난 5주간의 손익계산서에서 관련 정보를 가져와야 한다.

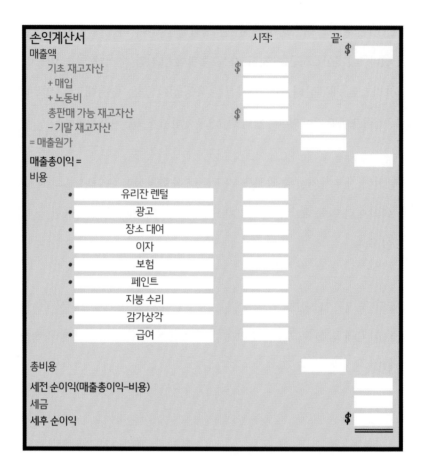

손익계산서	시작:	끝:
매출액		$
기초 재고자산	$	
+ 매입		
+ 노동비		
총판매 가능 재고자산	$	
− 기말 재고자산		
= 매출원가		
매출총이익 =		
비용		
• 유리잔 렌털		
• 광고		
• 장소 대여		
• 이자		
• 보험		
• 페인트		
• 지붕 수리		
• 감가상각		
• 급여		
총비용		
세전 순이익(매출총이익−비용)		
세금		
세후 순이익	$	

이제 끝인가? 이것이 우리 레모네이드 사업의 끝인가? 위대한 상업 제국을 건설하겠다던 우리의 계획은 어떻게 되는가? 아니다. 아직 끝나지 않았다.

학교로 돌아갈 준비를 하기 전, 우리는 올해 여름에 이룬 성과에 관해 분석해야 한다.

여름 내내, 우리는 회계 기법을 많이 배웠다. 의심의 여지가 없다. 이제 사업을 운영한 경험을 활용해 더 깊은 내용을 살펴보자. 어떤 일을 할 수 있다는 것과 어떤 일을 하는 데 관련된 중요한 지식을 이해할 수 있다는 것은 별개의 문제다.

지금까지 우리는 이 책에서 세 가지 재무제표, 즉 재무상태표, 손익계산서, 현금흐름표에 관해 배웠다. 우리는 그 재무제표들의 구성, 목적, 다른 재무제표와의 관계에 대해서도 배웠다. 또한 매출원가(혹은 서비스 원가)와 비용을 구분하는 법도 배웠다. 발생주의와 현금주의 회계방식을 배웠다. 그리고 서비스 회사의 회계, 자본화와 비용화, 감가상각, 현금 대 순이익에 관해서도 배웠다. 우리가 이 책에서 전반적으로 중점을 두었던 최종 결산 결과는 무엇인가? 순이익

지금까지 당신은 많은 지식을 습득했다. 이제는 다음과 같은 질문을 하게 될 수도 있다. 실제로 '나의 레모네이드 가판 사업은 어땠는지, 그

리고 내가 한 일은 어땠는지'를 어떻게 평가할 수 있을까?

이번 여름이 어떻게 지나갔는지 그리고 당신이 레모네이드 가판 사업과 성과에 관해 전반적으로 어떻게 느끼는지 스스로 질문하는 것으로 시작하자. 되돌아보기 위한 시간을 갖고 당신의 생각을 써보자.

_____

_____

_____

다르게 해야 했던 것이 있었는가?

_____

_____

당신은 열심히 일했는가? 사업은 성장했는가? 돈은 벌었는가? 레모네이드 가판과 관련해 이익에 긍정적 혹은 부정적 영향을 미친 당신의 행동과 결정은 무엇인가?

_____

_____

이익에 영향을 준 많은 일이 있었다. 이 리스트를 당신이 쓴 내용과 비교해보자. 우리는 직접 만드는 대신에, 가장 친한 친구를 고용해 광고

간판을 만들었다. 직접 레모네이드를 만들었고, 나중에는 레모네이드를 만들기 위해 누나도 고용했다(우리는 적정한 수준의 노동비를 지급하기 위해 협상했는가?). 우리는 휴가를 가면서 재고 일부를 원가에 팔아야 했다(휴가를 포기하고 싶지는 않았는가?). 우리는 약간 의심스러웠지만 어떤 고객에게 외상으로 레모네이드를 팔았는데 그 고객은 외상값을 갚지 않고 도망쳤다.

우리는 돈을 빌렸고, 이자를 지급해야 했다. 우리는 낮은 이익이라는 환상을 주는 후입선출법을 채택했다. 유지보수와 감가상각이 필요한 자산을 매입했다. 직접 만들었을 때보다 더 비싼, 만들어진 레모네이드를 샀다. 그리고 경기장에서 새로운 사업 기회를 찾기로 했다. 우리는 경기장 근처 식료품점에서 레모네이드를 사면서 더 많은 돈을 지불해야 했다. 우리는 현금이 많지 않았을 때 성공적인 협상을 통해 외상으로 레모네이드를 구입했다. 그러나 구입한 레몬들을 사용하는 것을 잊었고, 그 레몬들은 상했다.

우리의 이 모든 결정은 회사 이익에 직접적 영향을 끼쳤다.

우리가 더 잘할 수 있었을까? 위에 열거한 모든 내용을 보고 나서, 당신은 여름 동안 낸 성과에 실망감을 느끼는가?

이제 진짜 질문이 있다. 당신이 회사를 소유하고 있거나, 혹은 어떤 회사의 직원으로 일하건 간에, 당신의 결정이 회사의 이익에 영향을 미치는가? 실제로 조직 내에서 회사의 수익성에 영향을 미치지 못하는 사람이 있는가?

회사가 이익을 얻는지 아닌지가 당신에게 개인적으로 영향을 미치는가? 만약 그렇다면 어떻게 영향을 미치는가?

_____

_____

_____

당신은 자신의 행동과 결정이 이익에 어떤 영향을 미치는지 얼마나 자주 생각하는가? 매일, 매주, 매달, 매년, 아니면 한 번도 없는가?

_____

_____

_____

회사가 이익을 얻고 있다는 것은 무슨 의미인가? 이익으로 얻는 이득은 무엇인가?

_____

_____

_____

당신의 부서나 회사가 행한 결정 중 이익에 영향을 미친 결정은 무엇인가?

_____

_____

_____

우리는 이 책에서 이익에 관해 이야기했고, 당신은 이제 세 가지 재무 제표 중 손익계산서가 명확한 의미의 이익을 나타낸다는 것을 알게 되었을 것이다. 하지만 마지막 장에서 우리는 이익이 아닌 현금으로 매일의 사업을 운영한다고 했다. 따라서 무엇이 더 중요한가? 현금인가, 이익인가? 현금은 사업을 돌게 하고, 이익은 최종 결산 결과다. 손익계산서에서는 현금이 언급조차 되지 않는다. 이 모든 것이 다소 혼란스러운가? 그래도 괜찮다. 이 분명한 역설에 빠져 잠시 불편함을 느껴보자. 이러한 역설에 빠져 있으면서도 외견상의 대립 상황을 해결하는 것은 기업 리더십 및 성공의 기술과 과학에서 중요한 부분이다.

문제는 우리 중 많은 사람이 정말로 이익이 무엇인지 이해하지 못하고 있다는 것이다. 우리는 마지막 장에서 현금이 무엇인지 알게 되었다. 현금은 만질 수 있고 측정할 수 있다. 이익 역시 측정할 수 있지만, 실제적인 것이 아니다. 그것은 이론에 불과하다.

틀림없이 머리가 약간 어지러울 것이다. 그렇다면 실제적이지 않다는 것을 어떻게 설명할까?

우리의 레모네이드 가판에서 몇 가지 예를 들어보자. 두 번째 주에 우리는 레모네이드를 팔았고 이익을 거뒀다. 그것은 분명히 측정할 수 있었고, 재무제표에도 기록했다. 하지만 그 이후 우리에게 외상값 4달러를 갚아야 할 고객이 동네를 떠났다(혹은 파산했다). 우리의 이익 중 4달러는 그렇게 사라졌다. 결국 오늘 당신이 이익을 거뒀어도 내일 그 이익이 사라질 수 있다.

여름이 끝날 즈음 우리에게는 썩게 내버려둔 10달러어치의 오래된 레몬이 있었다. 우리는 그 레몬들을 버려야 했고, 이익 중 10달러가 또 사라졌다.

왜건이 고장 났다고 가정하면 경기장에서 레모네이드를 팔려는 생각을 버렸을 것이다. 사업을 할 때 우리는 실수할 수도 있고, 시작한 모험을 멈출 수도 있다. 우리가 그 왜건을 살 사람을 찾지 못했다면 그 20달러를 손실로 인식하고 장부에서 지워야 했을 수도 있다.

이익은 쉽고 명확하게 측정할 수 있기 때문에, 비즈니스의 효율성, 생산성, 혁신성을 측정하는 객관적인 기준으로 사용될 수 있다. 경영자들은 이익은 언제든지 사라질 수 있기 때문에 직원들이 회사의 수익성을 최대화하고 보존하기를 그토록 원하는 것이다.

하지만 많은 직원이 이익에 관해 제대로 이해하지 못하고, 결정과 행동을 이끌 측정방법을 정확하게 알지 못한다.

이러한 방법들을 찾아보기 위해 최종 결산 결과가 순이익인 손익계산서로 돌아가 보자. 이익에 영향을 미치는 손익계산서의 다른 세 가지 주요 항목은 무엇인가?

_____

_____

_____

이익은 장부상에만 존재하기 때문에 실제적인 것이 아니다. 어떤 회사에 가서 이익을 직접 보고 싶다고 말해보자. 그 회사는 이익을 보여줄 수 없다. 당신에게 자산(현금, 재고, 유형자산 등)은 보여줄 수 있다. 회사에

이익이나 손실이 났을 때, 이러한 자산들은 증가하거나 감소한다.

매출액, 매출원가(혹은 서비스 원가), 비용. 정의상 이익은 매출액이 제품이나 서비스를 제공하고 사업을 운영하는 데 필요한 원가를 초과하는 금액이다. 매출액으로는 고객들이 회사의 제품이나 서비스를 얼마나 좋아하는지 (고객의 현금으로) 측정한다. 원가와 비용으로는 직원들이 의사결정하고 사업을 운영할 때 얼마나 의욕적이고 효율적인지를 측정한다.

세 가지 측정 결과를 살펴보자.

당신은 어떻게 이익을 늘릴 수 있을까?

_____

_____

_____

분명한 답은 매출을 늘리고 매출원가(또는 서비스 원가)와 비용을 줄여야 한다는 것이다. 우리는 이 답 모두가 절대적인 것은 아니라는 것을 알고 있다. 마진이 아주 낮은 제품의 판매를 늘리고 싶지 않을 수도 있다. 그리고 빡빡해진 생산 스케줄에 맞추지 못할 수도 있다. 그리고 새로운 제품라인의 생산을 시작한다면 매출원가나 비용을 늘리고 싶을 수도 있다.

당신이 생산라인에서 일하거나 관리부서에서 일한다면, 결정을 내리기 위해 어떤 항목을 측정하고 활용해야 할까?

정확히 매출액, 매출원가, 비용에서 시작한다. 해당 항목의 원 수치를

통해 문제를 파악할 수 있다. 레모네이드 사업을 했던 여름 동안 재무제
표에 기록했던 숫자들을 찾아, 그 숫자들을 사용해 문제를 파악할 수 있
는지 살펴보자.

세 번째 주의 비용은 우리가 일부러 없앴기 때문에, 다음 표에서 1, 2,
4, 5번째 주에 대한 항목들만 비교해보자.

현금흐름표				
주	1	2	4	5
매출액	25	32	50	50
매출원가	10	15	20	30
비용	5	7	6	8
순이익	10	10	24	12

문제는 기간에 따라 숫자가 안정적이지 않다는 점이다. 변동한다. 숫
자들이 변동하는 이유는 다양하다. 계절적 요인(겨울보다 여름에 레모네이
드가 더 잘 팔린다), 통상적 경기 변동, 마케팅 캠페인 등이 원인일 수 있
다.

우리는 그 변동을 없애고, 더 나은 결과를 얻기 위해 무엇을 할 수 있
을까?

_____

_____

_____

비교하거나 비율을 사용하는 것이 당신의 답이길 바란다. 숫자가 증

가하든지 감소하든지 상관없이, 우리는 매출원가 대 매출액, 비용 대 매출액, 순이익 대 매출액을 비교함으로써 일관성 여부를 알 수 있다. 다섯 번째 주를 분석한 결과들을 살펴보자. 매출액은 50달러, 매출원가는 30달러, 비용은 8달러, 순이익(세전)은 12달러였다.

세 비율은 다음과 같다.

$$\frac{매출원가}{매출액} = \frac{30}{50} = 0.6 \text{ 또는 } 60\%$$

$$\frac{비용}{매출액} = \frac{8}{50} = 0.16 \text{ 또는 } 16\%$$

$$\frac{순이익}{매출액} = \frac{12}{50} = 0.24 \text{ 또는 } 24\%$$

이 값들은 무엇을 의미하는가? 매출이 1달러 발생할 때마다 60센트는 판매 제품을 만드는 데, 16센트는 사업을 운영하는 데 쓰이고, 순이익으로는 24센트를 얻는다.

이 수치는 좋은가, 나쁜가? 더 많이 비교해보아야 한다. 그렇다면 무엇과 비교해야 할까?

우선 경쟁자들이다. 산업과 사업 형태에 따라 비율이 서로 다르므로 우리의 진짜 경쟁자와 비교하는 것이 중요하다.

경쟁력을 분석할 때, 경쟁자들의 수치는 어떻게 알 수 있을까? 단순히 경쟁자들에게 전화해 비율을 물어보아야 할까? 당치도 않다! 그렇다면 도서관이나 인터넷에서 검색해야 한다. 많은 회사가 산업 비율과 표준을 기록하고 있기 때문이다. 주요 비율과 산업 표준을 제공하는 회사로는 던 앤드 브래드스트리트Dunn & Bradstreet와 로버트 모리스 앤드 어소시에이츠Robert Morris & Associates 등이 있다.

이 정보를 통해 우리와 경쟁자를 비교할 수 있다. 하지만 우리는 누구와도 비교하고 싶다고 했었는가? 우리 자신

어떻게 우리를 우리 자신과 비교할 수 있는가? 스포츠 팀인 시카고 불스를 예로 들어보자. 불스가 지난 밤 이겼다면 그것은 우리에게 무엇을 의미하는가? 그 팀이 이겨서 분명 우리는 행복할 것이다(우리가 팬이라면). 하지만 그렇다고 불스가 항상 좋은 팀이라고 할 수 있는가? 반대로, 지난밤에 졌다면? 그렇다고 불스가 나쁜 팀이라고 할 수 있는가?

요점은 어떤 한 게임만 봐서는 파악할 수 있는 사실이 많지 않다는 것이다. 어떻게 더 많이 알아낼 수 있을까? 한 시즌 동안 우리는 상당히 많은 정보를 얻을 수 있다. 하지만 많은 시즌의 정보가 있어야 전체 조직에 관한 최고의 지표를 얻을 수 있다. 바로 추세다.

사업에서는 이것을 추세 분석이라고 한다.

이 책에서 우리는 회계 기간으로 몇 주를 적용하는 자유를 누렸다. 하지만 실제로 추세 분석에는 수 년이 필요하다. 따라서 우리는 추세 분석을 위해 4주를 사용하겠지만, 그것을 4년이라고 가정할 것이다. 세 번째 주에는 비용이 없었기 때문에 그 주를 빼고 1, 2, 4, 5번째 주를 살펴볼 것이다.

추세 분석표에서 매출액, 매출원가, 비용, 순이익을 볼 수 있다. 그리고 세 가지 비율, 매출원가/매출액, 비용/매출액, 순이익/매출액도 볼 수 있을 것이다.

현금흐름표				
주	1	2	4	5
매출액	25	32	50	50
매출원가	10	15	20	30
비용	5	7	6	8
순이익	10	10	24	12

비율				
매출원가/매출액	$\frac{10}{25}=0.4$	$\frac{15}{32}=0.47$	$\frac{20}{50}=0.4$	$\frac{30}{50}=0.6$
비용/매출액	$\frac{5}{25}=0.2$	$\frac{7}{32}=0.22$	$\frac{6}{50}=0.12$	$\frac{8}{50}=0.16$
순이익/매출액	$\frac{10}{25}=0.4$	$\frac{10}{32}=0.31$	$\frac{24}{32}=0.48$	$\frac{12}{50}=0.24$

이제 우리의 주요 비율과 추세분석표를 보고 다음 질문에 답해보자.

1. 우리는 이익을 얻었는가? _____

2. 순이익/매출액 추세는 어떤가? 올라가고 있는가, 내려가고 있는가? _____

3. 순이익/매출액 비율이 내려가고 있다면, 그 문제는 매출원가/매출액 비율과 비용/매출액 비율 중 어디에 반영되는가?

_____

4. 무엇 때문에 문제가 발생했는가?

_____

_____

5. 경영자로서 그 문제를 어떻게 해결할 것인가?

_____

_____

_____

_____

이제 질문들을 살펴보자. 우리는 올여름 매주 이익을 거뒀다. 하지만 순이익/매출액 비율이 0.4에서 0.24로 떨어졌다. 이 비율이 하락하고 있는 게 문제다. 두 비용 비율을 살펴보면 비용/매출액 비율에 약간의 변동이 있긴 하지만 4개 기간 동안 상당히 꾸준했다는 것을 알 수 있다. 문제는 0.4에서 0.6으로 큰 폭으로 상승한 매출원가/매출액이다.

무엇 때문에 문제가 발생했을까? 우선, 당신이 항상 구입하던 식료품점보다 경기장 근처 식료품점의 레모네이드 원가가 더 높았다. 더 넓은 관점으로 보면, 당신은 새로운 사업을 시작하면서 성급하고 허술한 결정을 내렸다. 돈을 벌던 가판을 계속 운영할 계획을 버리고, 경기장에서 새로운 사업을 시작했다. 장비를 사면서 기존 사업에서 멀어지게 되었고, 이것이 이익에 간접적인 영향을 준 게 분명하다.

새 재고를 사면서도 계획이 매우 부실했고, 현금이 부족해지면서 새 식료품점에서 선택의 폭이 좁아지고 협상력도 떨어졌다. 당신은 경기장에서 사람들이 더 많은 돈을 주고 음료수를 사 마신다는 점을 간과했다. 그래서 가격을 올리지 않았는데, 가격을 올렸다면 원가 증가로 인한 어려움을 줄일 수도 있었다. 당신이 어떤 식으로 달리 행동할 수 있었는지 지금 와서는 아주 분명하게 보인다.

컨설턴트가 되는 것은 어떤가? 당신은 상당히 영리하다. 그렇지 않은가? 당신은 운 좋게도, 당신의 회사와 다른 회사의 이익 성과를 분석하는 툴과 그것을 개선하는 방법을 찾을 수 있는 주요 질문들을 알고 있다. 이제 이익에 영향을 주었던 요인들로 돌아가 당신이 바꾸거나 달리할 수 있었던 것을 우선적으로 다룰 수 있다.

우리는 아직 어카운팅 게임을 마무리하지 않았다. 마무리를 위해 사후 테스트를 해보자. 당신은 사후 테스트와 이 책의 첫 부분에 있는 사전 테스트가 같다는 것을 깨닫게 될 것이다. 하지만 이제 당신의 점수는 더 높을 것이라고 확신한다. 몇 분 정도 시간을 내서 테스트를 마쳐보자. 해답은 이 책 뒤에 있다. 사전 테스트와 사후 테스트의 점수를 기록해보자. 그리고 당신이 배운 게 얼마나 많은지 깨닫고, 기뻐하라!

1. 다음 중 재무상태표에서 볼 수 없는 항목은 무엇인가?

   A. 현금   B. 매출총이익

   C. 자산   D. 부채

2. 수익성을 가장 정확히 반영하는 것은 다음 중 어떤 회계방식인가?

   A. 현금주의 회계방식   B. 자금순환 회계방식

   C. 발생주의 회계방식

3. 매출채권은 어디에 속하는가?

   A. 자산   B. 자본

   C. 현금

4. 다음 중 일상적 기업 운영에서 가장 중요한 것은 무엇인가?

   A. 자산   B. 이익잉여금

   C. 현금

5. 최종 결산 결과란 무엇을 의미하는가?

    A. 순이익
                    B. 매출총이익률

    C. 매출총이익

6. 선급비용은 어디에 속하는가?

    A. 자산
                    B. 자본

    C. 부채

7. 후입선출법 및 선입선출법은 어떤 것과 관련 있는가?

    A. 재고자산 평가
            B. 이익률

    C. 자금조달

8. 다음 중 손익계산서에 나타나는 것은 무엇인가?

    A. 비용
                    B. 유형자산

    C. 부채

9. 다음 중 현금 유동성에 영향을 미치지 않는 비용은 무엇인가?

    A. 리스비
                  B. 광고비

    C. 감가상각비

10. 기본 회계등식은 다음 중 무엇인가?

    A. 순자산 = 자산 + 이익

    B. 매출총이익 – 매출액 = 매출총이익률

    C. 자산 = 부채 + 자본

이제 마지막으로 하나 남았다. 학업을 마칠 때 당신은 무엇을 받는가? 학위

이 책 마지막 페이지에 당신이 성공적으로 어카운팅 게임을 마친 것을 증명하는 학위증서가 있다.

빈 항목을 채워 넣어라. 그리고 책상이나 냉장고에 붙여놓아라. 액자 안에 넣어 침대 머리맡에 걸어두어라. 무엇보다도, 내년 여름 당신이 다시 열게 될 레모네이드 가판대에 자랑스럽게 붙여놓아라.

1장

28페이지

레몬 50개(개당 20센트) = $10

설탕 5파운드(파운드당 40센트) = $2

물 2갤런(공짜)

총 구입액 = $12

30페이지

레몬 50개(개당 20센트) $10

설탕 5파운드(파운드당 40센트) $2

+ 물 2갤런 공짜

60잔 = $12

제조비용 $12÷잔 수 60 = 단위 원가(잔당) $0.2

32페이지

매출액 $25

− 매출원가 (50잔: 잔당 20센트) $10

매출총이익 (현재까지의 순이익) $15

36페이지

유리잔 렌털 $2

+ 광고 $1

+ 장소 대여 $2

총비용 = $5

2장

46페이지

매출액 $25

− 매출원가 $10

매출총이익 $15

− 비용 $5

순이익 $10

3장

63페이지

자산		부채	
🪙 현금	$63.00	차입금	$50.00
		총부채	$50.00
⬤🥫🧃🍊 재고자산	$2.00	자본	
		초기 투자	$5.00
		이익잉여금	$10.00
		현재까지의 주간 순이익	$0.00
		총자본	$15.00
자산총계	$65.00	부채 및 자본총계	$65.00

64페이지

자산		부채	
🪙 현금	$65.00	차입금	$50.00
		총부채	$50.00
⬤🥫🧃🍊 재고자산	$0.00	자본	
		초기 투자	$5.00
		이익잉여금	$10.00
		현재까지의 주간 순이익	$0.00
		총자본	$15.00
자산총계	$65.00	부채 및 자본총계	$65.00

68페이지

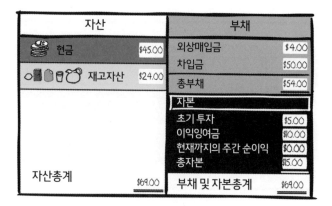

자산		부채	
현금	$65.00	외상매입금	$4.00
		차입금	$50.00
재고자산	$4.00	총부채	$54.00
		자본	
		초기 투자	$5.00
		이익잉여금	$10.00
		현재까지의 주간 순이익	$0.00
		총자본	$15.00
자산총계	$69.00	부채 및 자본총계	$69.00

70페이지

자산		부채	
현금	$45.00	외상매입금	$4.00
		차입금	$50.00
재고자산	$24.00	총부채	$54.00
		자본	
		초기 투자	$5.00
		이익잉여금	$10.00
		현재까지의 주간 순이익	$0.00
		총자본	$15.00
자산총계	$69.00	부채 및 자본총계	$69.00

232

4장

자산		부채	
현금	$44.00	외상매입금	$4.00
		차입금	$50.00
재고자산 원재료 $12		총부채	$54.00
제품 $13	$25.00	**자본**	
		초기 투자	$5.00
		이익잉여금	$10.00
		현재까지의 주간 순이익	
		총자본	$15.00
자산총계	$69.00	부채 및 자본총계	$69.00

자산		부채	
현금	$64.00	외상매입금	$4.00
외상매출금	$10.00	차입금	$50.00
재고자산 원재료 $12		총부채	$54.00
제품 $0	$12.00	**자본**	
		초기 투자	$5.00
		이익잉여금	$10.00
		현재까지의 주간 순이익	$17.00
		총자본	$32.00
자산총계	$86.00	부채 및 자본총계	$86.00

82페이지

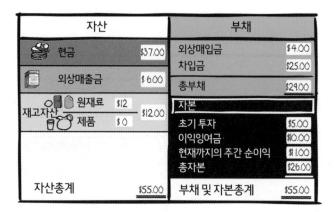

자산		부채	
현금	$64.00	외상매입금	$4.00
		차입금	$50.00
외상매출금	$6.00	총부채	$54.00
재고자산 원재료 $12 제품 $0	$12.00	자본	
		초기 투자	$5.00
		이익잉여금	$10.00
		현재까지의 주간 순이익	$13.00
		총자본	$28.00
자산총계	$82.00	부채 및 자본총계	$82.00

84페이지

자산		부채	
현금	$37.00	외상매입금	$4.00
		차입금	$25.00
외상매출금	$6.00	총부채	$29.00
재고자산 원재료 $12 제품 $0	$12.00	자본	
		초기 투자	$5.00
		이익잉여금	$10.00
		현재까지의 주간 순이익	$11.00
		총자본	$26.00
자산총계	$55.00	부채 및 자본총계	$55.00

87페이지

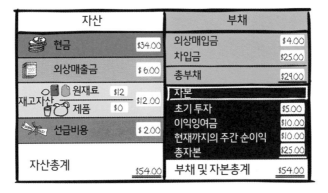

자산		부채	
현금	$34.00	외상매입금	$4.00
		차입금	$25.00
외상매출금	$6.00	총부채	$29.00
재고자산 원재료 $12 / 제품 $0	$12.00	자본	
		초기 투자	$5.00
		이익잉여금	$10.00
선급비용	$2.00	현재까지의 주간 순이익	$10.00
		총자본	$25.00
자산총계	$54.00	부채 및 자본총계	$54.00

97페이지

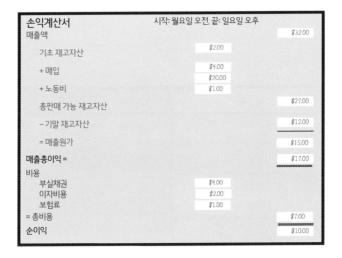

손익계산서	시작: 월요일 오전, 끝: 일요일 오후	
매출액		$32.00
기초 재고자산	$2.00	
+ 매입	$4.00	
	$20.00	
+ 노동비	$1.00	
총판매 가능 재고자산		$27.00
– 기말 재고자산		$12.00
= 매출원가		$15.00
매출총이익 =		$17.00
비용		
부실채권	$4.00	
이자비용	$2.00	
보험료	$1.00	
= 총비용		$7.00
순이익		$10.00

손익계산서	시작: 월요일 오전, 끝: 일요일 오후		
매출액			$ $22.00
기초 재고자산	$	$0.00	
+ 매입		$20.00	
+ 노동비		$1.0	
총 판매 가능 재고자산	$	$21.00	
– 기말 재고자산		$0.00	
= 매출원가			$21.00
매출총이익 =			$1.00
비용			
이자		$2.00	
보험료		$3.00	
= 총비용			$5.00
순이익			- $4.00

6장

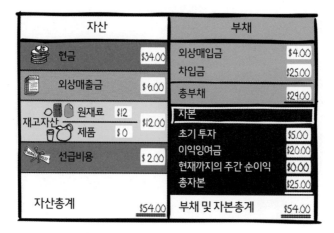

자산		부채	
현금	$34.00	외상매입금	$4.00
		차입금	$25.00
외상매출금	$6.00	총부채	$29.00
재고자산 원재료 $12	$12.00	자본	
제품 $0		초기 투자	$5.00
선급비용	$2.00	이익잉여금	$20.00
		현재까지의 주간 순이익	$0.00
		총자본	$25.00
자산총계	$54.00	부채 및 자본총계	$54.00

127페이지

선입선출법에 의한 생산원가는 얼마인가? 12달러

131페이지

손익계산서	시작: 월요일 오전, 끝: 일요일 오후		$	$30.00
매출액				
기초 재고자산	$	$12.00		
+매입		$20.00		
총 판매 가능 재고자산		$32.00		
−기말 재고자산			$	$20.00
=매출원가				$12.00
매출총이익 =				$18.00
총비용				$0.00
순이익				$18.00

135페이지

후입선출법을 적용하면 생산원가는 22달러다.

136페이지

자산		부채	
현금	$59.00	외상매입금	$24.00
		차입금	$25.00
외상매출금	$11.00	총부채	$49.00
재고자산 원재료 $0	$10.00	자본	
제품 $0		초기 투자	$ 5.00
선급비용	$ 2.00	이익잉여금	$20.00
		현재까지의 주간 순이익	$ 8.00
		총자본	$33.00
자산총계	$82.00	부채 및 자본총계	$82.00

136페이지

손익계산서	시작: 월요일 오전, 끝: 일요일 오후		$	$30.00
매출액				
기초 재고자산		$ $12.00		
+ 매입		$20.00		
총 판매 가능 재고자산		$32.00		
– 기말 재고자산			$ $10.00	
= 매출원가				$22.00
매출총이익 =				$8.00
= 총비용				$0.00
순이익				$8.00

138페이지

	선입선출법	후입선출법
매출액	$30	$30
매출원가	$12	$22
이익	$18	$8
기말 재고	$20	$10

7장

148페이지

자산		부채	
현금	$64.00	외상매입금	$24.00
		차입금	$25.00
외상매출금	$6.00	총부채	$49.00
재고자산 원재료 $10 제품 $0	$10.00	자본	
		초기 투자	$5.00
		이익잉여금	$28.00
선급비용	$2.00	현재까지의 주간 순이익	$0.00
		총자본	$33.00
자산총계	$82.00	부채 및 자본총계	$82.00

159페이지

자산		부채	
현금	$52.00	외상매입금	$26.00
		차입금	$25.00
외상매출금	$6.00	총부채	$51.00
재고자산 원재료 $10 제품 $0	$10.00	자본	
		초기 투자	$5.00
선급비용	$2.00	이익잉여금	$28.00
		현재까지의 주간 순이익	$-2.00
유형자산	$12.00	총자본	$31.00
자산총계	$82.00	부채 및 자본총계	$82.00

163페이지

자산		부채	
현금	$32.00	외상매입금	$27.00
		차입금	$25.00
외상매출금	$6.00	총부채	$52.00
재고자산 원재료 $10 제품 $20	$30.00	자본	
		초기 투자	$5.00
선급비용	$2.00	이익잉여금	$28.00
		현재까지의 주간 순이익	$-3.00
유형자산	$12.00	총자본	$30.00
자산총계	$82.00	부채 및 자본총계	$82.00

164페이지

손익계산서	_____ 번째 주
수취	+ $5.00 외상매출금
재고자산 매입	- $20.00 만들어진 레모네이드
유형자산 투자	- $10.00 가판대와 부지
지급비용	- $2.00 페인트
현금 증감	
기초 현금	+ $59.00
기말 현금	

169페이지

현금흐름표	_____ 번째 주
수취	+ $5.00 + $40.00
재고자산 매입	- $20.00 - $4.00
유형자산 투자	- $10.00
지급비용	- $2.00 - $2.00
대출/상환	- $25.00
현금 증감	
기초 현금	$59.00
기말 현금	+

172페이지

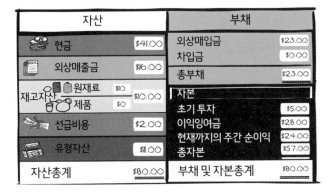

자산		부채	
현금	$41.00	외상매입금	$23.00
외상매출금	$16.00	차입금	$0.00
재고자산 원재료 $10	$10.00	총부채	$23.00
제품 $0		자본	
선급비용	$2.00	초기 투자	$5.00
		이익잉여금	$28.00
유형자산	$11.00	현재까지의 주간 순이익	$24.00
		총자본	$57.00
자산총계	$80.00	부채 및 자본총계	$80.00

174페이지

현금흐름표		_____ 번째 주
수취	+ $5.00 + $40.00	
재고자산 매입	- $20.00 - $4.00	
유형자산 투자	-$10.00	
지급비용	- $2.00 - $2.00	
대출/상환		-$25.00
현금 증감		-$18.00
기초 현금		$59.00
기말 현금	+	$41.00

손익계산서	시작: 월요일 오전, 끝: 일요일 오후			$	$50.00
매출액					
기초 재고자산		$10.00			
+ 매입		$20.00			
총 판매 가능 재고자산		$30.00			
− 기말 재고자산			$10.00		
= 매출원가				$20.00	
매출총이익 =				$30.00	
비용					
페인트		$2.00			
지붕 수리		$1.00			
이자		$2.00			
감가상각		$1.00			
= 총비용				$6.00	
순이익				$24.00	

8장

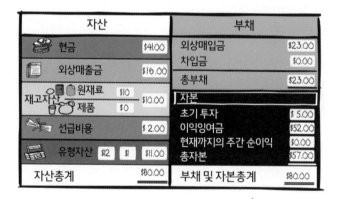

자산		부채	
현금	$41.00	외상매입금	$23.00
외상매출금	$16.00	차입금	$0.00
재고자산 원재료 $10 제품 $0	$10.00	총부채	$23.00
		자본	
선급비용	$2.00	초기 투자	$5.00
		이익잉여금	$52.00
유형자산 $12 $1	$11.00	현재까지의 주간 순이익	$0.00
		총자본	$57.00
자산총계	$80.00	부채 및 자본총계	$80.00

189페이지

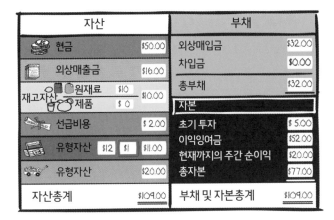

자산		부채	
현금	$ 0.00	외상매입금	$32.00
외상매출금	$16.00	차입금	$ 0.00
재고자산 원재료 $10 제품 $30	$40.00	총부채	$32.00
		자본	
선급비용	$ 2.00	초기 투자	$ 5.00
유형자산 $12 $1	$11.00	이익잉여금	$52.00
		현재까지의 주간 순이익	$ 0.00
유형자산	$20.00	총자본	$57.00
자산총계	$89.00	부채 및 자본총계	$89.00

193페이지

자산		부채	
현금	$50.00	외상매입금	$32.00
외상매출금	$16.00	차입금	$0.00
재고자산 원재료 $10 제품 $0	$10.00	총부채	$32.00
		자본	
선급비용	$ 2.00	초기 투자	$ 5.00
유형자산 $12 $1	$11.00	이익잉여금	$52.00
		현재까지의 주간 순이익	$20.00
유형자산	$20.00	총자본	$77.00
자산총계	$109.00	부채 및 자본총계	$109.00

자산		부채	
현금	$46.00	외상매입금	$32.00
외상매출금	$16.00	차입금	$0.00
재고자산 원재료 $10 제품 $0	$10.00	총부채	$32.00
		자본	
선급비용	$2.00	초기 투자	$5.00
유형자산 $12 $1	$11.00	이익잉여금	$52.00
		현재까지의 주간 순이익	$16.00
유형자산	$20.00	총자본	$73.00
자산총계	$105.00	부채 및 자본총계	$105.00

자산		부채	
현금	$46.00	외상매입금	$32.00
외상매출금	$16.00	차입금	$0.00
재고자산 원재료 $10 제품 $0	$10.00	총부채	$32.00
		자본	
선급비용	$2.00	초기 투자	$5.00
유형자산 $12 $1	$11.00	이익잉여금	$52.00
유형자산 $20 $4	$16.00	현재까지의 주간 순이익	$12.00
		총자본	$69.00
자산총계	$101.00	부채 및 자본총계	$101.00

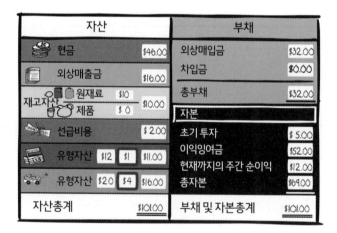

198페이지

자산		부채	
현금	$46.00	외상매입금	$32.00
외상매출금	$16.00	차입금	$0
		미지급 세금	$3.00
재고자산	$10.00	부채 총계	$35.00
선급비용	$2.00		
유동자산 총계	$74.00	자본	
		초기 투자	$5.00
총유형자산	$32.00	이익잉여금	$52.00
감가상각누계액	$5.00	현재까지의 주간 순이익	$9.00
순유형자산	$27.00	자본총계	$66.00
자산총계	$101.00	부채 및 자본총계	$101.00

200페이지

손익계산서 시작: 월요일 오전, 끝: 일요일 오후

매출액			$50.00
기초 재고자산	$10.00		
+ 매입	$30.00		
총 판매 가능 재고자산	$40.00		
– 기말 재고자산		$10.00	
= 매출원가			$30.00
매출총이익 =			$20.00
비용			
급여	$4.00		
감가상각	$4.00		
= 총비용			$8.00
세전 순이익			$12.00
세금			$3.00
세후 순이익			$9.00

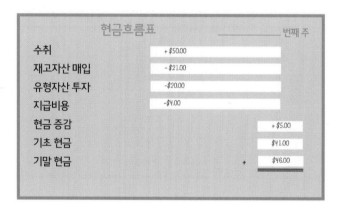

현금흐름표 _____ 번째 주

수취	+ $50.00
재고자산 매입	- $21.00
유형자산 투자	-$20.00
지급비용	-$4.00
현금 증감	+ $5.00
기초 현금	$41.00
기말 현금	+ $46.00

9장

205페이지

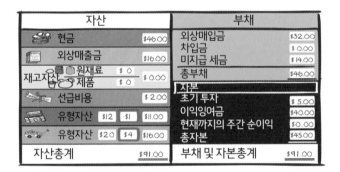

자산		부채	
현금	$46.00	외상매입금	$32.00
외상매출금	$16.00	차입금	$0.00
재고자산 원재료 $10 제품 $0	$10.00	미지급 세금	$16.00
선급비용	$2.00	총부채	$48.00
유형자산 $12 $1	$11.00	자본	
유형자산 $20 $4	$16.00	초기 투자	$5.00
		이익잉여금	$48.00
		현재까지의 주간 순이익	$0.00
		총자본	$53.00
자산총계	$101.00	부채 및 자본총계	$101.00

206페이지

자산		부채	
현금	$46.00	외상매입금	$32.00
외상매출금	$16.00	차입금	$0.00
재고자산 원재료 $0 제품 $0	$0.00	미지급 세금	$14.00
선급비용	$2.00	총부채	$46.00
유형자산 $12 $1	$11.00	자본	
유형자산 $20 $4	$16.00	초기 투자	$5.00
		이익잉여금	$40.00
		현재까지의 주간 순이익	$0.00
		총자본	$45.00
자산총계	$91.00	부채 및 자본총계	$91.00

206페이지

　　　　　　장부에서 정리하기 전

세전 순이익　　　　　　　　세금 25%

$64　　　　　　　　　　　$16

　　　　　　장부에서 정리한 후

세전 순이익　　　　　　　　세금 25%

$54　　　　　　　　　　　$13.5(반올림하면 $14)

210페이지

자산		부채	
현금	$18.00	외상매입금	$0.00
외상매출금	$0.00	차입금	$0.00
원재료 $0		미지급 세금	$0.00
재고자산 제품 $0	$0.00	총부채	$0.00
선급비용	$0.00	자본	
유형자산 $12 $1	$11.00	초기 투자	$5.00
		이익잉여금	$40.00
유형자산 $20 $4	$16.00	현재까지의 주간 순이익	$0.00
		총자본	$45.00
자산총계	$45.00	부채 및 자본총계	$45.00

손익계산서	시작: 월요일 오전, 끝: 일요일 오후		
매출액			$187.00
기초 재고자산	$0.00		
+ 매입	$106.00		
+ 노동비	$1.00		
총 판매 가능 재고자산	$107.00		
− 기말 재고자산		$0.00	
= 매출원가		$107.00	
매출총이익 =			$80.00
비용			
유리잔 렌털	$2.00		
광고	$1.00		
장소 대여	$2.00		
이자	$4.00		
보험	$4.00		
페인트	$1.00		
지붕 수리	$2.00		
감가상각	$1.00		
급여	$5.00		
	$4.00		
= 총비용		$26.00	
세전 순이익			$54.00
세금			$14.00
세후 순이익			$40.00

10장

1. 그렇다.

2. 내려가고 있다.

3. 매출원가/매출액 비율

4. 우리는 훨씬 더 비싸게 파는 경기장 근처 식료품점에서 레모네이드를 사야 했다. 진짜 문제는 허술한 계획 때문이었다.

5. 매입과 관련된 계획을 더 잘 세워야 한다. 이동 가판대를 사서 경기장

으로 가기로 한 계획은 즉흥적이었다. 그것은 궁극적으로는 좋은 사업적 결정이었지만, 계획 부족으로 두 가지 문제가 발생했다. 첫째, 충분하지 않은 현금 흐름과 둘째, 높은 제품 원가 그리고 그로 인한 낮은 순이익

사전 및 사후 테스트 해답

1. B	2. C
3. A	4. C
5. A	6. A
7. A	8. A
9. C	10. C

주요 용어

- **ACRS** : 가속원가회수법
- **가속상각법** : 후반보다는 초반에 더 빨리 자산의 가용 가치를 줄이는 것
- **감가상각** : 마모 및 진부화, 시간 경과로 발생한 비용 측면으로 본 유형자산의 감소
- **기말 재고** : 회계 기간이 끝나는 시점에 가지고 있는 재고
- **기초 재고** : 회계 기간이 시작되는 시점에 가지고 있는 재고
- **리스** : 렌털 계약
- **매출원가** : 생산원가라고도 한다. 수식은 '기초 재고자산＋새 재고자산 매입 ＋노동비 및 기타 관련 생산비－기말 재고자산'이다.
- **매출총이익** : 매출액－매출원가
- **무형자산** : 특허권, 영업권, 의장권, 상표권, 가맹권 등이다.
- **미지급 세금** : 세금으로 정부에 내야 할 돈
- **발생주의** : 발생주의 회계방식에서 순이익은 현금의 증가나 감소가 아닌, 수익과 비용의 차이로 측정된다.

- **변동비** : 매출수량에 직접 관련된 비용. 예: 노무비, 원재료, 직접판매비
- **부채** : 갚아야 하는 빚이나 외상
- **비용** : 생산과 관련되지 않은, 사업을 운영하는 데 필요한 원가. 비용은 자본을 감소시킨다. 모든 비용은 현재까지의 순이익을 감소시킨다.
- **선급비용** : 아직 혜택을 얻지 못한 것에 대해 미리 지급한 것
- **선입선출법** : 재고자산을 평가하는 방법 중 하나
- **손익계산서** : 특정 기간 동안 회사의 수익과 비용을 정리한 재무제표. 이 둘의 차이를 이익 혹은 손실로 표시한다.
- **순이익** : 순수입이라고도 한다. '매출총이익-비용'이다.
- **할부 상환**amortization : 시간에 따라 점차적으로 부채를 상환하는 과정
- **연 초부터 현재까지의 순이익** : 올해 발생했으나 아직 분배되지 않은 이익
- **외상매입금** : 통상적 비즈니스에서 외상으로 판매한 사람에게 빚진 돈
- **외상매출금** : 고객이 당신에게 빚진 돈
- **유동부채** : 빚진 돈 중 통상적으로 1년 안에 상환해야 할 것
- **유동성** : 자산의 현금화가 용이한 정도
- **유동자산** : 현금과 1년 안에 현금으로 전환될 수 있는 자산
- **유형자산** : 사업체가 소유한 유형고정자산. 판매를 목적으로 하지 않으며 반복해서 사용된다.
- **이익** : 최종 결산 결과. 세금을 포함해, 모든 비용을 지급한 후 남은 것
- **이익잉여금** : 사업을 시작한 이래 축적되었으나 아직 분배되지 않은 총순이익
- **자본** : 모든 부채를 상환한 후 소유주가 자산에 대해 가지는 소유권
- **자본화** : 유형자산을 증가시키는 비용. 1년 안에 소모되는 않는 경우에 자본화한다.
- **자산** : 회계적으로 금전적 가치가 있는 것

- **장기 부채** : 빌린 돈 중 그 해 상환하지 않는 것. 예: 모기지

- **재고자산** : 원재료, 재공품, 제품 등으로 인식되는 것

- **재무상태표** : 특정 시점의 자산, 부채, 자본을 나타내는 재무제표. 기본 회계 등식(자산＝부채＋자본)은 언제나 성립해야 한다.

- **정액법** : 정해진 기간 동안 유형자산의 순원가를 똑같이 배분하는 방법

- **지분** : 기본적으로 두 종류의 지분(자산에 대한 청구권)이 있다. 하나는 부채라고 부르는 채권자 및 대출자의 청구권이고, 다른 하나는 자본이라고 부르는 자산에 대한 소유주의 청구권 혹은 권리다.

- **초기 투자** : 사업을 시작하는 데 사용된 당신의 돈

- **투자세액 공제** : 자본 지출을 독려하기 위해 정부가 주는 인센티브

- **현금** : 서랍이나 은행에 있는 돈

- **현금흐름** : 사업 안에서 발생하는 현금의 실제적 이동. 현금 유입과 현금 유출의 차이다.

- **회계** : 종종 사업 언어라고도 불린다. 사업의 재무적 측면을 측정하고, 기록하고 보고하고, 해석하는 데 쓰인다.

- **회계 등식** : 자산＝부채＋자본. 회계는 이 등식의 논리에 기반을 둔다.

- **후입선출법** : 재고자산을 평가하는 방법 중 하나

찾아보기

저자

주디스 올로프Judith Orloff

주디스 올로프는 지난 25년 동안 사람들이 자각과 교육을
통해 자신들의 삶을 변화시키는 과정을 도왔다. 버몬트주
에 벌링턴 칼리지Burlington College를 설립해 초개인심리
학Transpersonal Psychology 학위과정을 신설하기도 했다.
또한 에듀케이셔널 디스커버리스Educational Discoveries
Inc의 설립자이기도 하다.

대럴 멀리스Darrell Mullis

대럴 멀리스는 지난 12년간 에듀케이셔널 디스커버리스
에서 교육자를 위한 교육 프로그램을 개발하고, 교육 기법
을 가르치는 교육 및 개발 이사로 재직했다. 또한 300건이
넘는 놀랄 만큼 성공적인 회계 세미나를 통해 수천 명의
미국인을 가르쳤다. 멀리스는 현재 네 명의 딸과 함께 콜
로라도주의 루이빌에 살고 있다.

THE ACCOUNTING GAME™

has successfully completed the Sourcebooks miracle course in accounting

_____
Judith Orloff, co-author

_____
Darrell Mullis, co-author

_____
Date

재무제표로 좋은 주식 고르는 법

이강연 지음 | 값 20,000원

주식투자를 하려고 한다. 검토하고 있는 기업이 1분기 재무제표를 공시했는데, 영업이익이 전년대비 30%나 올랐다고 한다. 주식을 사야 할까? 아마도 이 의문에 명쾌한 답은 없을 것이다. 투자결정은 숫자 하나만 보고 이루어지기도 하지만, 보통은 더 많은 정보가 필요할 때가 많기 때문이다. 이 책은 이러한 의문에 '답을 찾을 수 있는 방법'을 알려준다.

재무제표 서적으로 아마존 초유의 베스트셀러가 된 책
한눈에 재무제표 보는 법

토마스 R 아이텔슨 지음 | 값 13,800원

재무회계에 대한 지식이 없는 왕초보일지라도 재무제표를 완벽하게 파악하여 업무에 곧바로 응용할 수 있도록 만들어진 책이다. 재무회계 담당자는 물론 비재무 분야 관리자와 주식투자자, MBA를 준비하는 대학생, 변호사 그리고 창업자에게 도움을 준다. 있는 대차대조표, 손익계산서, 현금흐름표의 쓰임과 의미를 가장 간결하면서도 쉽게 전달한다.

숫자의 진짜 의미를 읽어내는
재무제표 분석법

캐런 버먼, 조 나이트 지음 | 값 16,500원

재무제표가 어떻게 작동하는지, 숫자의 이면에 숨겨진 의미를 찾는 쉽고 시사적인 길을 제시한다. 단순히 재무제표를 읽는 것에서 나아가, 기업의 성장성과 경영현황을 읽어내고 분석하는 실제적인 방법을 제공한다. 미국 발행 당시 시장의 숫자에 관한 한 최고로 명확한 가이드라는 찬사를 받았으며 아마존 베스트셀러가 되었다.

내일의 주가가 보이는
전자공시 100% 활용법

이래학 지음 | 값 17,500원

기업공시에는 '우리 회사 실적이 좋아질 것이다' 혹은 '우리 회사가 어려움에 처해 있다'식의 정보는 없다. 기업공시를 해석하고 걸러내야만 주가를 예측할 수 있는 정보를 찾아낼 수 있다. 《전자공시 100% 활용법》은 기업공시를 읽고 해석해, 투자에 활용할 수 있는 숨겨진 고급정보를 찾도록 도와주는 기업공시 해석 가이드이다.

한 권으로 끝내는 기술적 분석의 모든 것
차트의 기술

김정환 지음 | 값 22,000원

《차트의 기술》에서 저자는 국내외의 다양한 투자 사례와 해박한 동서양의 인문지식으로 누구나 쉽게 이해할 수 있도록 설명한다. 최근 기본적 분석과 기술적 분석에 이어 제3의 분석법으로 각광 받고 있는 심리적 분석법을 그 사례를 통하여 설명하고 있어 독자들의 이해를 높이고 있다. 특히 행동재무학과 행동과학이론 등 다양한 이론들을 소개하고 있다. 또한 현재의 실제 차트를 추가하여 과거와 현재 자료의 비교 분석이 가능하다.

국내채권부터 해외채권까지
채권투자 핵심 노하우

마경환 지음 | 값 19,800원

어렵게만 느껴졌던 채권투자의 핵심을 투자자의 눈높이에 맞추어 속 시원히 알려준다. 어려운 학술적 정의나 이론은 배제하고 채권 투자자들이 꼭 알아야 할 내용을 직관적으로 쉽게 다루었다. 채권의 기본부터 경기 상황별 투자법, 채권펀드 선택법 등 소중한 투자 자산의 관리 전략을 수립할 수 있도록 도와준다.

실전 ETF 투자 매뉴얼
주식투자 ETF로 시작하라

systrader79, 이성규 지음 | 값 19,000원

아직도 수많은 개인투자자는 비합리적인 의사 결정으로 시장의 먹잇감이 되고 있다. 특정 종목에 올인하여 까마득한 손실을 입거나, 우량주에 투자하면서도 돈을 잃는 경우가 태반이다. '수익률이 높으면서도 안정적인 투자는 없을까?'라며 한 번이라도 고민한 사람이라면 ETF 투자가 정답이다. 쉽고 단순한 방법으로 누구나 지속적인 수익을 내는 전략을 공개한다.

찰스 다우상 수상
거래량으로 투자하라 –개정판

버프 도르마이어 지음 | 신가을 옮김 | 값 22,000원

『거래량으로 투자하라』 개정판은 버프 도르마이어의 혁신적인 연구 결과의 산물이다. 거래량을 통해 주가를 확인하고 해석하며, 선행하는 방식을 알려준다. 또한, 투자자의 심리가 한순간에 돌변하는 것을 미리 식별할 수 있다고 말한다. 그는 수많은 전통적인 거래량 지표를 살펴보고, 자신만의 획기적인 접근법들을 이 책에 소개한다.

슈퍼개미 이세무사의 성공을 부르는 밸런스 주식투자

삼박자 투자법

이정윤 지음 | 값 18,500원

전형적인 '흙수저' 출신인 저자는 《삼박자 투자법》에서 주식투자자로서 성공하기 위해 자신이 어떤 투자법을 사용하고, 어떻게 스스로 주식투자 트레이닝을 해왔는지를 정리하고 있다. 이 책은 저자만의 투자법인 '삼박자 투자법'을 설명하는 책이면서, 진정한 주식투자자가 되기 위한 트레이닝법도 정리하고 있다.

현명하게 펀드 고르는 법

좋은 펀드 나쁜 펀드

신관수 지음 | 값 14,500원

《좋은 펀드 나쁜 펀드》는 펀드투자를 잘해서 수익을 내는, 한마디로 돈이 되는 펀드를 고르고 관리하는 방법을 다룬다. 모르고 시작하려니 겁부터 나는 재테크를 시작하는 사람들을 위해 왜 지금 당장 펀드투자를 시작해야 하는지, 좋은 펀드의 기준은 무엇인지, 좋은 펀드를 어떻게 관리해야 수익이 나는지에 대한 저자의 노하우를 집약하고 있다.

원화는 왜 급등락을 거듭하는가?

대한민국 환율의 비밀

최기억 지음 | 15,500원

환율이란 무엇인가? 해외여행을 예로 보면, 자국의 돈으로 여행하려는 국가의 돈을 교환하는 비율이다. 『대한민국 환율의 비밀』은 환율이 '개인의 경제적 삶'에 어떻게 연결되어 있는지, 교환비율 작동에는 어떤 메커니즘이 작동하는지를 다룬다. 단순한 현상이 아니라 경제 전반 및 사회·정치·외교 등 다양한 문제에 연결되어 있는 경제의 시작이자 끝이다. 이 책에는 총 10가지의 환율의 비밀이 나온다.

주식시장의 캔들차트와 사께다 전법의 창시자

거래의 신, 혼마

혼마 무네히사 원저 | 이형도 편저 | 값 16,000원

이 책은 혼마 무네히사의 투자비법서 《혼마비전》을 국내 최초로 소개하는 책으로, 이번 개정판에서는 특히 혼마 무네히사의 자취를 따라 직접 취재, 촬영해 자료를 보완함으로써 현장감을 더했다. 이 책은 그의 투자 기술뿐만 아니라, 상도의 정신과 투자의 정도에 이르는 길을 제시해줄 것이다.

시장의 변동성을 정복하는 실전 투자법
실전 스윙 트레이딩 기법 –개정판

앨런 S. 팔리 지음 | 김태훈 옮김 | 값 25,000원

과거의 수익 모델만을 고집하다가 지속적으로 손실을 입고 좌절하지 않았는가? 만일 그렇다면 당신도 변화된 전략으로 시장과 승부해야 한다. 『실전 스윙 트레이딩 기법』은 이러한 변화된 시장 상황에서 적용할 수 있는 실전적 기법을 총망라한 역작이다. 시장의 흐름과 맥락 속에서 진입 기회를 포착하고, 수익 목표와 손실 목표를 세워 청산하는 정통 스윙 기법을 배우고자 한다면 반드시 이 책을 읽어보자.

가치투자의 교과서 『증권분석』 핵심 요약판
벤저민 그레이엄의 증권분석

벤저민 그레이엄 지음 | 프레스턴 피시 · 스티그 브로더슨 편저 | 김인정 옮김 | 15,500원

『증권분석』은 반복해서 읽어야 그 진가를 알 수 있다. 하지만 분량이 워낙 방대한데다가 내재가치 산출 방법, 안전마진 개념, 투자와 투기의 차이, 각종 주식의 특징, 투자 대상 선별 기준, 가치평가 및 분석에 필요한 지표 등을 설명하며 제시한 수많은 사례들을 꼼꼼히 살피다 보면 『증권분석』을 제대로 읽어나가기란 결코 쉽지 않다. 이 책은 원전에 좀 더 쉽게 접근하는 데 가장 유용한 길잡이가 될 것이다.

데이비드 드레먼의
역발상 투자

데이비드 드레먼 지음 | 신가을 옮김 | 값 26,000원

수많은 매체와 전문가들이 역발상 투자를 빈번하게 언급하고 있고 널리 알려진 대중적인 투자법처럼 인지되어있다고 할 수 있지만 대개의 경우 역발상 투자법의 성공률이나 검증가능한 과학적 투자방법을 제시하지는 않는다. 그러나 데이비드 드레먼은 역발상 투자의 유용성에 대해 30년이 넘는 연구를 통해 역사적 데이터로 뛰어난 투자성공률을 확인해주고 있다.

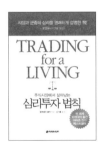

주식시장에서 살아남는
심리투자 법칙

알렉산더 엘더 지음 | 신가을 옮김 | 값 25,000원

금융시장에 '심리투자'라는 새로운 해법을 제시함으로써 이 책의 저자 알렉산더 엘더 박사는 세계적 베스트셀러 작가 반열에 올랐다. 현직 트레이더이며 트레이딩 소프트웨어의 개발자임과 동시에 투자자 양성기관의 창립자이자 강사로서 지금도 열정적으로 활약하고 있는 그는 심리투자의 3가지 핵심을 논리적이고 설득력 있게 제시하고 있다.

연평균 수익률 70%, 90%, 그리고 220% 시장을 이기는 마법을 찾아서!

주식시장의 마법사들

잭 슈웨거 지음 | 김인정 옮김 | 값 21,000원

잭 슈웨거는 인터뷰에서 진실한 마법사들의 이야기와 주목할 만한 조언들을 찾아내 독자에게 선물한다. 또한 강세장에 올라타고 약세장과 함께 싸워 이기며 최고 자리에 올라서는 방법에 관해 업계 내부에서 공유하는 정보를 제공한다. 그리고 트레이더들이 자기만의 트레이딩 방법을 어떻게 찾아냈으며, 그것을 최적화시키기 위해 투자한 시간과 노력의 흔적을 추적한다.

주식, 선물옵션, 상품, 외환시장의세계 최고 투자자 17인에게 배우는 투자비결

새로운 시장의 마법사들

잭 슈웨거 지음 | 오인석 옮김 | 값 27,000원

《새로운 시장의 마법사들》은 "어떻게 투자에 성공할 것인가?"보다 "어떻게 진정한 투자자가 될 것인가?"에 대한 답을 재미있게 제시한다. 한 치 앞을 내다볼 수 없는 지금의 주식시장 상황이야말로 기본과 원칙으로 돌아가기 위한 최적의 타이밍이다. 그 기본과 원칙으로 돌아가는 해답이 바로 이 책에 있다.

주식, 선물옵션, 상품, 외환시장의 전설적 트레이더 15인의 통찰력과 전략!

헤지펀드 시장의 마법사들

잭 슈웨거 지음 | 에드 세이코타 서문 | 박준형 옮김 | 값 29,000원

손쉽게 시장을 이길 수 있는 비밀병기는 없다. 자신의 트레이딩 기술을 개선하기를 원한다면 〈헤지펀드 시장의 마법사들〉 15인에게서 최고의 비밀을 얻어낼 수 있을 것이다. 또한 15인의 인터뷰를 통해 발굴한 보석 같은 투자 비결 40가지는 투자자라면 반드시 지켜야 할 최고의 투자 원칙이 될 것이다.

최고의 트레이더들과 나눈 대화

시장의 마법사들

잭 슈웨거 지음 | 임기홍 옮김 | 값 26,000원

이 책은 짐 로저스, 에드 세이코타, 리처드 데니스, 윌리엄 오닐, 폴 튜더 존스, 토니 살리바 포함 17명의 시장의 마법사들이 구사하는 매매기법은 다양하다. 월가를 뒤흔든 전설적인 투자자들을 직접 인터뷰하여 그들이 어떻게 항상 시장에서 높은 수익을 올릴 수 있었는지 그들의 생생한 경험담과 그들만의 비법, 시장을 보는 관점 등을 가감 없이 전달하고 있어 시장 참여자들에게는 교본과 같은 책이다.

실제 사례로 기초부터 배우는
재무제표 처음공부

초판 1쇄 발행 2018년 5월 28일
초판 7쇄 발행 2024년 2월 24일

지은이 대럴 멀리스, 주디스 올로프 | **옮긴이** 백승우 | **감수** 신현식

펴낸곳 (주)이레미디어
전화 031-908-8516(편집부), 031-919-8511(주문 및 관리) | **팩스** 0303-0515-8907
주소 경기도 파주시 문예로 21, 2층
홈페이지 www.iremedia.co.kr | **이메일** mango@mangou.co.kr
등록 제396-2004-35호

책임편집 정은아 이치영 | **디자인** 박정현 | **마케팅** 김하경

저작권자 ⓒ Darrell Mullis & Judith Orloff

ISBN 979-11-88279-16-6   03320

·책값은 뒤표지에 있습니다.
·잘못된 책은 구입하신 서점에서 교환해드립니다.
·이 책은 투자참고용이며, 투자손실에 대해서는 법적책임을 지지 않습니다.

이 도서의 국립중앙도서관 출판예정도서목록(CIP)은 서지정보유통지원시스템 홈페이지
(http://seoji.nl.go.kr)와 국가자료공동목록시스템(http://www.nl.go.kr/kolisnet)에서
이용하실 수 있습니다. (CIP제어번호 : CIP2018011678)